Descubre a tu Ángel

Rubén Zamora

DESCUBRE
A TU ÁNGEL

Ilustraciones
Gustave Doré

EDICIONES ABRAXAS

Título original:
Descubre a tu Ángel

© 1999 by Rubén Zamora
© 1999 by Ediciones Abraxas

1a. edición: octubre de 1999
1a. reimpresión: setiembre de 2000

Diseño gráfico:
Xurxo Campos

La presente edición es propiedad de
Ediciones Abraxas
Apdo. de Correos 24.224
08080 Barcelona, España

Impreso en España/ Printed in Spain
ISBN: 84-89832-76-5
Depósito legal: B-33.010-2000

Impreso en
Limpergraf, s. a.
c./ de Mogoda, 29-31
Poligon Industrial Can Salvatella
Barberà del Vallès, Barcelona

A Jabel,
mi muy particular
Ángel de la Guarda.

PRÓLOGO

LA OLVIDADA ERA INTERMEDIA

*Sólo somos
un jirón de la memoria
dentro del inmenso mar
de los olvidos.*

Cuántas veces ha deseado poder viajar al pasado para descubrir cómo éramos realmente hace un siglo, hace un milenio o hace un millón de años. A quién no le gustaría ser testigo de excepción de la toma de conciencia del hombre. Pero el pasado se nos escurre de las manos de la misma manera que lo hacen el futuro y el presente. Deberíamos tener bastante claro el aquí y el ahora, pero no lo tenemos. Es como si muriéramos y naciéramos a cada segundo, a cada instante, sin poder asir este chorro de agua o arena fina que es la existencia.

El futuro es una eterna preocupación, pero el pasado nos apasiona. En el futuro hemos de centrar la intuición, para ver si nos desvela lo que seremos o dejaremos de ser, como si jugáramos a las adivinanzas, en un ejercicio más emocional que racional; pero en el pasado podemos centrar eso a lo que llamamos ciencia, e investigar apoyándonos en huesos, capas terrestres y cosas que creemos sólidas y tangibles, en un ejercicio más racional que emocional.

El ser humano dedica buena parte de su vida a descubrir su pasado, a descorrer el velo de sus raíces. Los gobiernos invierten en historiadores, investigadores, arqueólogos, antropólogos, sociólogos, paleontólogos, biólogos, etc., con la esperanza de descubrir quiénes somos y de dónde venimos. Porque si algún día logramos saberlo, por fin podremos sentirnos seguros del lugar en el que estamos y hacia dónde iremos.

Las tradiciones orales, los mitos, las cosmogonías y hasta las historias y los cuentos de hadas nos seducen, pero no terminan de convencernos.

Las religiones de todos los lugares y de todos los tiempos también han intentado darle una explicación a nuestra existencia en este rincón de la galaxia, y no hay ser humano que día a día, desde los albores de los tiempos hasta nuestros días, que no intente explicarse su propia realidad de una o de otra manera, científica o religiosa, emocional o racional.

Nuestra realidad la medimos dentro de los límites de nuestra percepción visual, olfativa, sensitiva, auditiva, intuitiva y hasta imaginativa; pero las limitaciones de nuestras percepciones nos impiden ver lo que hay más allá de nuestras narices, y no sólo a nivel espiritual, sino en el más estricto sentido físico y material.

Hasta que no pudimos utilizar un microscopio no pudimos ver y constatar que los microorganismo existen; y hasta que no pudimos utilizar potentes telescopios los planetas y las estrellas no eran más que luces misteriosas colgadas en la pantalla de nuestro cielo.

La ciencia y la tecnología nos han ayudado a ver un poco más allá, corroborando o destruyendo nuestras intuiciones, ideas religiosas, supuestos emocionales o simples fantasías; pero aún no han podido abrir del todo las puertas de nuestra última y verdadera realidad, porque hemos superado unos límites con su ayuda, pero no hemos superado muchos otros, y a pesar de todos los avances científicos y de todas las elucubraciones emocionales y religiosas, seguimos sin saber quiénes somos, de dónde venimos y hacia dónde vamos.

Por ejemplo, ¿de dónde nos nació el entendimiento? ¿Nos brotó de forma espontánea la conciencia de ser y estar, o alguien o algo nos despertó del sueño animal?

El primer bastión de la civilización humana del que se tienen pruebas y memoria, según los estudiosos y los libros de historia, estaba situado en Ur y Caldea. Los sumerios primero y los caldeos después, son la fuente y la base de lo que somos los seres humanos hoy en día, pero, ¿estas civilizaciones avanzadas, con medicina, ciencia, escritura y estructura social y económica nacieron de la nada sin que nadie les enseñara las premisas? Cuál fue la fuente en la que bebieron las primeras civilizaciones, o simplemente no hubo fuente.

Algunos teóricos dicen que Mu y la Atlántida precedieron a las grandes civilizaciones, pero no hay ninguna prueba real que lo confirme. Podemos aceptar esta teoría, y añadir a esta lista lugares míticos como Aztlán, Shangri-La o Shambhala, la ciudad etérea de las Amazonas o cualquier otra fuente primordial, pero la pregunta volvería a ser la misma: ¿de dónde se nutrieron esas viejas y míticas civilizaciones?

Estamos obviamente emparentados con el mono, porque somos primates superiores y porque del chimpancé apenas si nos separan un par de cromosomas; pero también estamos emparentados genéticamente con el cerdo y con la rata, posiblemente más que con el mono. Por supuesto, somos hermanos de todos los mamíferos, porque esa también es nuestra envoltura y base biológica, y está de más anotar que nuestra parte animal domina nuestros instintos, pudores y conducta gregaria, e incluso nuestra crueldad, rabia, ira e instinto de conservación.

Pero, la pregunta sigue siendo la misma: ¿de dónde nos nació la conciencia? ¿cómo dimos ese paso que nos convirtió en seres humanos y nos sacó del estado puramente animal?

Para el autor del libro la respuesta está muy clara: de los ángeles, de nuestros ángeles guías, de nuestros ángeles inspiradores, de nuestros ángeles guardianes y protectores, que vendrían a corroborar el mito de Prometeo o el de Quetzalcóatl.

Por supuesto, en la Biblia y a simple vista no parece haber referencia alguna a que los ángeles nos hayan convertido en seres humanos, pero si leemos el Génesis con un poco de atención, podríamos encontrar un paralelismo entre el titán Prometeo y el ángel caído que con forma de serpiente dio de

*«… y puso al oriente del huerto del Edén querubines,
y una espada encendida… para guardar el camino del árbol de la vida»
(Génesis 3: 24).*

comer el fruto del conocimiento del bien y del mal a Adán y Eva, convirtiéndolos en seres humanos, cosa que, según leemos en el Génesis, no fue del agrado de Jehová, de la misma manera que a Zeus no le gustó que Prometeo diera el discernimiento, el fuego y la esperanza a los hombres.

En la mitología azteca encontramos a Quetzalcóatl empeñado en enseñarle a los hombres a cocinar, beber, organizarse, luchar y establecerse en la Tierra por medios propios, dejando a un lado a los animales o sirviéndose de ellos. El resto de los dioses, sobre todo Tezcatlipoca, tampoco estaba de acuerdo con la idea de darle a los hombres la independencia, el entendimiento y la dominación sobre el resto de la naturaleza, pero nadie pudo impedir que Quetzalcóatl educara finalmente a la humanidad, sacándola de su estado animal para convertirla, más o menos, en lo que es ahora.

Los mitos se repiten a lo largo y ancho del mundo, señalando a un titán, un dios benigno o un ángel como el precursor de la conciencia de la humanidad, pero nosotros, aquí y ahora, sin prueba alguna en la que basarnos para apoyar o desmentir dichas teorías, sólo nos queda creer o no creer en ellas, aunque sólo sean una forma universal del ser humano de explicarse su oscuro origen, más allá de la cronología, del tiempo y del espacio.

Lo que sí está claro, al menos para los arqueólogos y los paleontólogos, es que fuimos bastante animales hasta hace unos 500 mil o 250 mil años, y que a partir de entonces empezamos a observar una conducta humana, y que más o menos nos comportamos de la misma manera desde que el hombre de Cromañón coincidió con el de Neanderthal hasta nuestros días.

¿Sería en ese tiempo en que nos dieron el numen que nos convertiría en seres humanos? Posiblemente, pero los mitos siguen un poco más allá y nos relatan que por aquellas épocas los dioses, contentos o descontentos con nuestra humanización, hablaban con nosotros directamente, y hasta se mezclaban con los seres humanos. Pero un buen día, de pronto, los dioses se cansaron de nuestras locuras, o simplemente prefirieron hacer otras cosas más interesantes que pasearse por la Tierra, y nos dejaron aquí sin preocuparse más de nosotros.

A partir de entonces, los dioses sólo se comunicaban directa y constantemente con grandes sacerdotes, profetas, elegidos o iluminados; y desde hace unos tres o cuatro mil años, apenas si han habido apariciones o manifestaciones divinas, y todo ha quedado reducido, en el mejor de los casos, a señales que sólo saben interpretar unos cuantos, generalmente locos profanos o locos místicos, o a verdaderas estafas y engaños que nada tienen qué ver con dios alguno.

Nosotros podemos hablarle y rezarle a los dioses, pero ellos, nos escuchen o no, simplemente no nos dirigen la palabra.

Este libro intenta volver a ponernos en contacto con los seres divinos que pueblan las dimensiones cercanas, como sucedía antes de que nos abandonaran o nos dieran por imposibles, en esa época intermedia en la que el Cielo y la Tierra estaban más cerca y no había prejuicios que entorpecieran la comunicación explícita y directa entre diversos seres que hoy ocupan distintas dimenciones.

Tal vez, con un poco de evolución espiritual, dentro de poco volveremos a estar juntos elfos, trasgos, gnomos, trolls, duendes, ángeles, dioses, semidioses, etcétera, etcétera.

Si como cuentan las leyendas, que de tan parecidas podrían tener algo de cierto, hubo una Era Intermedia, entre el mono erguido y el ser humano que conocemos ahora, durante la cual los dioses y los hombres compartieron una misma dimensión, podríamos en cualquier momento, deseándolo o sin desearlo, volver a entrar en contacto con ellos, tal y como lo propone el libro que tenemos entre las manos.

I

TRES DIMENSIONES MÁS EL TIEMPO

Hay cosas que se ven
y no existen,
y cosas que existen
y no se ven.

No hace mucho tiempo estuve en una tertulia en la que discutíamos sobre el tiempo, esa cosa intangible que medimos en base a las vueltas del sol y de la luna, y que nos es tan precioso como terrible.

El tiempo es el lapso que transcurre entre uno y otro suceso, o bien, el tiempo es igual a la velocidad en que recorremos un espacio, una línea, un segmento.

El tiempo es lo que tarda en llegarnos algo; el tiempo es un invento loco de la humanidad en su afán de medir y contar todo lo que le rodea.

El tiempo es una convención de horas, minutos y segundos que utilizamos para medir los ciclos de la naturaleza; y el tiempo es el que nos señala, cruel e inexorablemente, que envejecemos, que lo que teníamos ayer no es lo que tenemos hoy y que lo que somos y tenemos hoy puede que desaparezca o se olvide el día de mañana.

El tiempo también es una sensación de lo presente y de lo que transcurre, y mientras una espera de diez minutos nos puede parecer una eternidad, y una eternidad puede durar para siempre o no durar apenas nada, porque se encuentra más allá del tiempo.

Podemos dormir cinco minutos y en un par de ellos soñar toda una vida, una novela, una historia entera, donde nacemos, crecemos, envejecemos y morimos, y en el sueño sentiremos la lentitud del tiempo, pero al despertar veremos que las agujas del reloj apenas si han recorrido un pequeño segmento de su círculo.

El tiempo ha sido considerado, además, la cuarta dimensión, el vector que encuadra el alto, el ancho y el fondo de nuestro mundo tridimensional; lo que le da movimiento o vibración, duración o equilibrio al volumen que nos envuelve en el cubo de nuestra realidad inmediata.

Pero ese mismo tiempo dimensional se estira, se encoge y hasta casi desaparece cuando lo sacamos del estado ideal de nuestro mundo inmediato. Sí, el tiempo es relativo, y transcurre de distinta manera dependiendo del punto de vista del observador. La actividad estira el tiempo, ya que mientras más hacemos más rápido vamos y menos tiempo gastamos en hacerlo; mientras que la inactividad lo hace más pesado, denso y lento, y no solo como una apreciación personal, sino como una ley física.

Mientras más rápido vamos, pasa menos tiempo para nosotros, y tanto es así, que una persona que viaje a una velocidad cercana a la de la luz, una hora de nuestro reloj será una hora, pero para nosotros, que viajamos a 2000 kilómetros por hora sobre nuestro eje planetario y a 40.000 kilómetros por hora a través del espacio rodeando al Sol, habrán pasado casi 100 años.

El tiempo, entonces, se rompe y fracciona en nuestras manos, condenándonos a nosotros a la vejez y a la muerte, y a sólo una hora de vida al viajero interplanetario.

Por supuesto, nuestro tiempo vital no es el mismo que el tiempo vital del planeta, ni que el tiempo de las estrellas, ya que mientras nosotros nacemos y morimos en un marco de 70 años, para el planeta apenas si ha transcurrido un instante y para las estrellas ni siquiera eso.

Nuestros pomposos modelos matemáticos que tan bien funcionan en estados ideales, no sirven para nada en cuanto hemos de salir al espacio; y las leyes de la física tan cacareadas por nuestra ciencia, apenas si tienen sentido fuera de nuestro planeta, y todo porque el tiempo, como dice la metáfora y el refrán, simplemente se nos escurre de las manos.

Los seres humanos creemos en lo que vemos y tocamos, y a veces en lo que olemos, oímos o degustamos, pero en cuanto nos hablan de lo intangible, lo infinito o lo inconmensurable, nos perdemos de inmediato y corremos a buscar la seguridad de nuestros tres planos dimensionales y de nuestro tiempo ideal y estático.

Pero nuestros sentidos, a los que tanto creemos y a los que tanto nos aferramos, no son nada fiables: nuestras herramientas corporales son harto limitadas y apenas si nos permiten percibir una fracción mínima de la realidad que nos envuelve.

Nuestros ojos sólo perciben una mínima franja del espectro de luz, una mínima escala de las ondas sonoras, unos cuantos sabores, unos cuantos olores, y nuestro tacto sólo es capaz de sentir estructuras demasiado sólidas y densas. Todo lo que esté un poco más allá de la limitación de nuestros sentidos, simplemente se nos escapa, y aunque esté ante nuestras narices, ni lo vemos, ni lo olemos ni lo sentimos.

Podríamos tener a nuestro Ángel de la Guarda haciendo gestos en nuestras barbas, gritando y tirándose de los cabellos, sin poderlo presentir siquiera.

Y no sólo a nuestro Ángel de la Guarda, porque delante de nuestros ojos y penetrando por nuestras narices hay millones de bacterias, ácaros y motas de polvo que nos pasan completamente desapercibidos.

Dentro de nuestras propias dimensiones y dentro de nuestra misma vibración molecular, existen miles de millones de cosas que jamás veremos ni oiremos ni sentiremos, a menos que contemos con ingenios tecnológicos que nos ayuden a hacerlo. Y si esto pasa dentro de nuestros mismos parámetros, en nuestro mundo tangible e ideal, qué no pasará con el resto del universo que está delante de nosotros y hasta dentro de nosotros mismos, patente y presente aunque no podamos oírlo ni verlo.

Claro que nos queda la intuición, la imaginación, la fantasía, la fe, la ilusión, la alteración de la mente o la conciencia, pero eso no es suficiente como para convencernos de que hay algo más ahí fuera, algo más antes de la vida y algo más después de ella. Vivimos, como diría el poeta, condenados a esta cárcel de tres dimensiones, ciegos, sordos y mudos, mientras el tiempo pasa y se burla de nuestra falta de recursos para ver esa realidad que se extiende más allá de la nuestra.

De vez en cuando, una que otra persona ve más de lo que ve habitualmente; una que otra vez alguien oye más de lo que se supone que debemos oír; a veces alguien siente o presiente algo más de lo habitual, de lo común y corriente, y entonces nace la duda, se inquieta el alma y comienzan las preguntas.

Si un día estás solo en tu casa, completamente solo y sin nadie más al lado, delante del televisor o leyendo un libro, y alguien o algo te habla al oído como si te hablara cualquier persona, con voz clara y firme, como si fuera una voz salida de unas cuerdas vocales comunes y corrientes, puedes pensar dos cosas de inmediato: una, que estás loco o que eres esquizofrénica; o bien, que has tenido una experiencia fuera de lo normal.

¿Quién te puede hablar al oído sin que le veas el cuerpo ni le huelas el olor ni percibas el aliento?

¿Un ángel, un muerto, un amigo con poderes telepáticos, un duende, un fantasma, un hada, un dios, o simplemente un eco de tu propio oído que ha guardado celosamente esas palabras recogidas en otro momento del día?

¿Será tu mente que te está gastando una broma, una alucinación o algo perfectamente lógico y explicable por las leyes físicas, químicas y matemáticas que conocemos?

Si un buen día te encuentras tan tranquilo, solo o con amigos, charlando o estudiando, en la cama o en el parque, y de pronto ves pasar a alguien u observas algo que no suele estar dentro de lo que consideramos real y palpable, puedes pensar que te estás volviendo loco, o bien puedes creer que los dioses te han enviado una señal, pero el hecho, la visión fugaz y vívida, habrá tenido lugar de cualquier forma pienses lo que pienses y creas lo que creas. El fenómeno puede tener mil explicaciones, racionales o irracionales, pero tú lo habrás vivido directamente, y nadie más que tú sabrá lo que viste y cómo lo viste.

Buena parte de los seres humanos que viven en este planeta ha tenido una experiencia sobrenatural, algo que no puede explicar con la lógica aplastante de la ciencia, pero la mayoría se lo calla por miedo a que sus amigos y parientes duden de su buen juicio y cordura.

Una persona puede tener hoy una experiencia sobrenatural y sentirse muy impresionada por ello, pero, si su tendencia es más racional que emocional, con el tiempo empezará a olvidarla hasta darla por zanjada, y le buscará mil y una explicaciones racionales, para terminar de eliminarla de su consciente. Y, algún tiempo después, cuando alguien hable del tema, dirá que nunca ha sentido nada especial y que eso son cosas de locos o de creyentes, porque el tiempo, ese mismo tiempo que se nos escurre entre las manos, se lleva entre sus aguas muchos de nuestros recuerdos, sobre todo aquellos que nos incomodan o que nos hacen sentir fuera de la norma.

La mayoría de nuestras experiencias sobrenaturales de la infancia quedan veladas con el paso del tiempo, y el tiem-

«Y le dijeron [a Abraham]: ¿Dónde está Sara tu mujer?…
he aquí que Sara tu mujer tendrá un hijo…»
(Génesis 18: 9-10).

po, sin ser nada ni nadie, se va convirtiendo poco a poco en nuestro dueño, centrándonos en una realidad mínima de tres dimensiones dentro de un espacio.

Y el tiempo y el espacio se enlazan para hundirnos en lo que suponemos real, y nos sumen en el cuadrado de la vida cotidiana donde no pasa nada extraordinario ni nada que no se pueda medir, pesar o contar. Tres dimensiones más el tiempo, nada más...

Sin embargo, de vez en cuando, el tiempo deja de ser lineal y vemos cosas que ya hemos visto, oímos cosas que ya habíamos oído, vemos lugares desconocidos en los que ya habíamos estado, se nos cumple una premonición o nuestra intuición se quita un velo, y nuestro ser interno vuelve a saber lo que ha sabido siempre aunque nos hayamos empeñado en olvidarlo: que sí hay algo más, que el tiempo es un continuo en el espacio sin ayer, hoy y mañana, y que la existencia trasciende a la vida en todos los sentidos y en todos los planos.

Sí, vivimos en un mundo ideal de tres dimensiones más el tiempo, esa es nuestra realidad más inmediata, pero eso no impide, ni siquiera científica y físicamente, que existan otras dimensiones ni que el tiempo sea relativo; y tampoco impide que dentro de esas dimensiones y ese tiempo existan otras realidades y, por qué no, otros seres...

Si dentro de nosotros en realidad hay un alma o un espíritu que trasciende de alguna forma nuestra realidad inmediata, es perfectamente posible que podamos ver y oír más de lo que vemos y oímos, pero no con los ojos físicos ni con los oídos de carne y hueso, sino con los sentidos del alma y del espíritu. Por supuesto, esto no son más que teorías para quien nunca ha tenido la más mínima experiencia extrasensorial, pero para quien la haya tenido, aunque su memoria la haya escondido en lo más hondo de su subconsciente, es la puerta que abre la posibilidad a otra vida, a otra manifestación de la existencia, a una supervivencia más allá de la muerte física.

Yo, personalmente y dentro de todas las dudas que puede tener una persona al respecto, creo firmemente que sí hay algo más antes y después de la vida y de la muerte física. No sé exactamente qué es ni cómo es, pero sé que lo hay. Sería un ingratitud de mi parte decir lo contrario. Quizá no sea tan elevado y místico como suponemos, o quizás esté mucho más allá de todas nuestras concepciones actuales, pero está ahí, al otro lado de lo que consideramos inmediato y físico, sólo un poco más allá de nuestras tres dimensiones y de nuestro tiempo ideal.

De no tener esta certeza que puede parecer una locura para unos y una cosa ridícula para otros, no la expondría abiertamente en un libro.

Lo que escribo no está basado en otros libros ni en otras ideas, sino en mis propias experiencias, en lo que he visto, oído y sentido personalmente, sin estar, según los psicólogos que me han analizado, especialmente loco, alucinado, esquizofrénico o alterado mentalmente por métodos artificiales como la droga o el alcohol. Mi cuerpo tampoco produce más endorfinas de las normales, por lo que la autointoxicación o la intoxicación endógena también queda descartada.

No puedo compartir del todo mis experiencias, porque toda experiencia es única, personal e intransferible, pero sí puedo relatarlas para que otras personas encuentren dentro de sí mismas las respuestas que andan buscando, o, simplemente, que sepan que su caso no es el único y sí se puede acceder a otros mundos y realidades que nos envuelven, rodean y traspasan constantemente.

II

¿QUIÉNES SOMOS, CUÁNTOS SOMOS?

*Hay muchos seres
a nuestro alrededor,
pero tampoco son pocos
los seres que llevamos dentro.*

El ser humano es un cuerpo tridimensional con alto, ancho y fondo, compuesto básicamente de agua y tejidos orgánicos, que nace, se reproduce y muere, como cualquier otro organismo.

Es un mamífero superior que pertenece a la familia de los primates, con unas cualidades genéticas distintivas que permiten definirlo como especie. Dentro de esta especie hay varios tipos o razas perfectamente compatibles entre ellas, y que en un momento fueron definidas como raza blanca, raza roja, raza amarilla, raza negra y raza de bronce, para determinar que las diferencias entre uno y otro grupo radicaban principalmente en el color de la piel. Después se buscaron más diferencias, como la forma de la nariz, el tipo de cabello, los dientes, la conformación corporal y todo tipo de rasgos secundarios, ya que con ello se pretendía formar una especie de jerarquía entre razas, como si una pudiera ser más humana que la otra.

Con el tiempo y el avance de la genética, el concepto de raza quedó prácticamente eliminado, ya que fuera de ciertos rasgos secundarios y sin la mayor importancia, el ser humano, independientemente de su apariencia externa, es exactamente el mismo en todo el mundo.

No se sabe muy bien cómo se dividieron las razas, porque tampoco se sabe si hubo una sola raza madre o varias. Hay quien aboga por las condiciones climatológicas, pero las migraciones y el encontrar a seres tan parecidos tanto en el Polo Norte como en las islas del Sur, y tan distintos en un plano de terreno tan estrecho como lo es Nueva Zelanda, o la misma Europa, invalidan la teoría.

Actualmente la diversidad es tal, que es imposible pensar en razas puras o en razas madre, si bien es cierto que mientras más aislado ha permanecido un grupo humano, más ha conservado sus características corporales.

Hubo una época en la que se pensó que seres tan aparentemente primitivos como los aborígenes de Australia no podrían mezclarse con los sajones europeos, pero a los tres días los embarazos resultantes del choque de culturas demostraron que no sólo eran compatibles unas razas tan aparentemente alejadas, sino que los considerados primitivos tenían los genes más dominantes.

Hoy en día siguen habiendo grupos étnicos alejados del resto del mundo, pero ya a nadie se le ocurre negar que sean seres humanos, perfectamente compatibles genéticamente con el resto de la humanidad.

La mayoría de nosotros somos el resultado de muchas mezclas raciales, de continuos y diversos mestizajes, y todos, absolutamente todos, seguimos conservando nuestra parte animal en el cerebro primitivo.

Sí, tenemos instintos depredadores, cazadores y recolectores; de supervivencia, de alimentación, sexuales y grupales. Hasta buena parte de nuestros pudores y rubores, tabúes y represiones, responden más a un patrón animal que a una moral forjada por el pensamiento. Nuestros grupos, tribus y hasta civilizaciones, que creemos tan humanas o suponemos nacidas de una inteligencia superior, no son más que el reflejo de la naturaleza animal. Los castores y los topos también construyen, las termitas y las hormigas tienen una clara estructura social y hasta moral, las abejas y los delfines un idioma definido, los monos y las aves saben usar herramientas, y entre muchas manadas hay premios y castigos dependiendo del comportamiento de sus integrantes.

El ser humano no es mejor en nada respecto a los animales, pero tampoco podemos decir que sea peor, y las manidas diferencias filosóficas que pretenden marcar la pauta que nos diferencie de ellos, no son más que ideas muy particulares nacidas principalmente de nuestra vanidad, nuestro orgullo y nuestra ignorancia.

Nos creemos la raza superior y pensamos que nosotros somos los que dominamos al mundo y a todas las especies que en él habitan, cuando ni siquiera conocemos a todas las especies ni sabemos lo que sienten o piensan los animales. Sabemos más o menos cómo se comportan, pero no podemos meternos en su piel para saber qué es lo que hay en su interior, en su ser interno.

Quizá lo único que realmente nos distingue de los animales es nuestra manía de querer creernos inteligentes y superiores. De hecho, cada grupo humano ha tenido esa tentación de creerse superior, y no sólo superior a los animales, sino superior al resto de seres humanos habidos y por haber en la faz de la Tierra.

Los judíos no son diferentes de los apaches en este terreno, porque ellos mismos se consideran verdaderos seres humanos, mientras que ven al resto de los hombres como simples animales, parecidos a ellos en estructura, pero completamente alejados del halo divino que los ha hecho a ellos mejores, elegidos de Dios, verdaderos seres humanos, y no simples repeticiones animales ni reos de condenación eterna como lo somos el resto de los hombres y mujeres que pueblan el planeta y que no tuvimos la suerte de nacer apaches o judíos.

Pero, por gracia o por desgracia para unos y otros, la verdad es que no hay elegidos, que todos estamos en el mismo barco, que todos tenemos y carecemos de lo mismo, y que todos tenemos alma y trascenderemos en el tiempo y el espacio, o que nadie tiene verdaderamente espíritu.

Los seres humanos somos lo que somos, sin distinciones, y si hay un ser de luz que guíe a un lapón del Polo Norte, también lo hay para un senegalés, un birmano, un otomí, un chino o un aborigen australiano, sin importar cómo lo llamen o cómo lo identifiquen, porque el hecho es que lo hay, de que todas las culturas lo han percibido, de que todos los seres humanos, desde que el hombre adquirió conciencia de sí mismo, han tenido una versión de dios protector o Ángel de la Guardia. Por lo tanto, no importan las creencias y costumbres personales, grupales o de cualquier tipo, porque lo importante no es cómo le denominemos, sino que esté ahí, con todos y cada uno de nosotros independientemente de lo que creamos y lo que sintamos, de nuestra apariencia física o de nuestro pensamiento.

El Ángel de la Guarda es un ser de luz independiente de las otras partes de nuestros cuerpos mental, físico o espiritual, de nuestras tres dimensiones y de nuestro tiempo, que no responde a nuestros caprichos ni a nuestro ego.

El ser humano es un ser complejo en todos los sentidos, y sin embargo apenas es un embrión que está gestándose en este planeta.

Si comparamos la edad de la humanidad con la edad del planeta, nosotros, tan pomposos y vanidosos, apenas si tenemos un par de segundos de existencia. Los cálculos más optimistas sitúan al protohombre hace 3, 5 millones de años sobre el África central; al famoso eslabón perdido, o ya casi hombre, con cierta conciencia de ser y estar, hace 750 mil años cuando mucho; y al hombre, como tal, o como lo conocemos ahora, hace apenas 250 mil años.

Entre era glacial y era glacial y aplastamiento de una que otra capa geológica, existe una etapa entre los 40.000 y 60.000 años antes de Cristo, que parece perdida, es decir, en la que no hay vestigios de humanidad y prácticamente de nada. Podemos encontrar un trilobites de 100 millones de años de edad, y unas pinturas rupestres de hace 30 mil años; huesos suficientes para explicar la evolución del tigre diente de sable o para reconstruir un dinosaurio de hace 60 millones de años, y somos incapaces de seguirle el rastro al hombre hace apenas 50 mil años. Y los paradigmas y los misterios no paran aquí, porque ni siquiera somos capaces de encontrar los cadáveres de los mayas que vivieron en Copán hace 1300 años, y las pinturas rupestres de la península de Baja California, con más de 20 mil años de edad, desmontan la teoría de la última era glacial como fuente de pobladores humanos en esa región de América.

Por supuesto, es mucho más lo que desconocemos de nosotros mismos que lo que conocemos, y la ciencia, a pesar de sus avances y de su vanidad, no se da a vasto para explicar el mundo en que vivimos. Y, lo más chocante de todo, es que los libros de texto se mantienen prácticamente inamovibles a pesar de los descubrimientos que se van haciendo día a día, y que a los niños les siguen enseñando como si vivieran en el siglo pasado, sin que a nadie le importe que muchas de las cosas que estudian ya no sean verdad…

Hoy más que nunca, y quizá debido a nuestra incapacidad para comprender el mundo, sus cambios, sus avances y sus movimientos, la vida es más maya e irreal que nunca. Lo único que más o menos aceptamos como novedad, son los avances tecnológicos, y los aceptamos no porque seamos más inteligentes y despiertos, sino porque forman parte importante de la economía mundial y del consumo. De no ser así,

«Y soñó [Jacob]: y he aquí una escalera que estaba apoyada en tierra, y su extremo tocaba en el cielo; y he aquí ángeles de Dios que subían y descendían por ella»
(Génesis 28: 12).

La tercera ola de Alvin Toffler, sería el más fiel reflejo de nuestra realidad actual. Pero si la historia dice que América se pobló hace 12 mil o 14 mil años gracias a que el estrecho de Bering estaba helado y se podía caminar sobre él, ningún libro de texto rectificará los datos por mucho que haya claros vestigios de otros seres humanos poblando el continente americano desde hace 20 o 30 mil años, simplemente porque eso no vende ni interesa más que a los arqueólogos que estudian las culturas prehispánicas.

Sí, el ser humano es curioso, complejo y muy joven, pero eso no impide que esté formado con la misma materia del resto de seres y cosas del planeta, que es ni más ni menos la misma materia del origen primordial, la misma materia que se formó en el Big Bang, hace 15 mil millones de años, más o menos. Nuestras moléculas son tan viejas como el mismo universo, pero nuestra especie apenas si apareció sobre la faz de la Tierra hace un par de segundos, y en ese espacio minúsculo de tiempo ya pretendemos ser los elegidos de Dios y de la creación, los señores y amos del universo entero.

Hay insectos que llevan en este planeta cientos de millones de años, que han visto nacer y morir a los dinosaurios, y que posiblemente nos vean nacer y morir a nosotros como una especie más que ha pisado la Tierra, y sin embargo nos sentimos superiores a ellos, y encontramos en nosotros el poder del alma y la predilección de los dioses, y se la negamos a ellos.

En nosotros intuimos un cuerpo físico, un cuerpo mental y un cuerpo espiritual; nos vemos el aura, creemos que tenemos poderes especiales aún por descubrir, olvidados o en estado latente; nos miramos en la imagen y semejanza de las inteligencias celestiales, y nos arrogamos una espiritualidad que vestimos de mil nombres y de mil maneras, para darnos aún más importancia y alimentar más nuestro ego.

Dentro de nosotros vemos mil expresiones del alma y millones de expresiones del pensamiento, y esperamos descubrir la luz esencial de Dios en el fondo de nuestro ser, para trascender en el espacio y en el tiempo.

A veces la fantasía, o un recuerdo espiritual o genético, nos habla de otros seres que han poblado, junto con nosotros la Tierra. En la época perdida o Era Intermedia, acaecida hace 40 o 60 mil años, es muy posible que el hombre, como se cuenta en *El Señor de los Anillos* de Tolkien, conviviera con duendes, hobbits, elfos, magos, trolls, hadas y todo tipo de seres, unos de luz y otros de piedra, superiores e inferiores a nosotros.

La Tierra es muy vieja, y el ser humano ha demostrado que en poco tiempo puede crear una civilización entera. Entre la escritura cuneiforme de los sumerios y el ordenador que ahora utilizo han pasado menos de 8 mil años, y en los últimos 100 años se han hecho millones de descubrimientos. El ser humano tiene un ingenio increíble, y bien pudo crear una civilización altamente avanzada en todos los terrenos hace 20, 30 o 40 mil años, una civilización de la que no tenemos pruebas físicas, pero de la que hay cientos de leyendas: leyendas que nos hablan de bombas atómicas, misiles, ingenios de comunicación y teletransportación, y de unos seres, a veces héroes y a veces dioses, que se comportaban como ahora lo hacen nuestros personajes de ciencia ficción en la literatura, la televisión o el cine.

El ser humano sólo ha necesitado los últimos 500 años, del Renacimiento a nuestros días, para volar por el espacio, y si la humanidad sucumbiera ahora y tuviera que empezar de cero, seguramente lo volvería a lograr en cualquier momento. Esta suma lógica nos lleva a la posibilidad, casi matemática, de un pasado esplendoroso de la humanidad en cualquier época de la prehistoria.

¿Cuántas veces, dentro de los últimos 250 mil años, la humanidad ha podido llegar a su cenit? ¿Veinte, diez, cinco, tres veces? ¿O sólo una, ésta, la presente? La Esfinge de Egipto nos habla por lo menos de otra, y el Código de Amurabi nos recuerda que hace más de 6 mil años ya había neurocirugía y microcirugía. ¿Tenían mucha imaginación egipcios y caldeos? ¿Nos mienten descarada e innecesariamente los desaparecidos sumerios? O simplemente los desechamos porque su comportamiento no era occidental, no practicaban una religión a nuestro gusto y sus tecnologías, que aún no hemos desvelado, eran diferentes a las nuestras.

Y el desierto del Sahara, ¿es así por un proceso natural o hubo una guerra nuclear en la zona entre los reyes de Edom y los Elhoim que venían del cielo como cuenta el Génesis? ¿O hubo un ataque con misiles de fuego y azufre, con una carga nuclear lo bastante fuerte como para convertir a la mujer de Lot en estatua de sal? Tal parece, según la Biblia y el Gilgamesh, que los antiguos eran bastante modernos, y sus dioses y ángeles guerreros, tan parecidos a los hombres pero con capacidad para cegar a la gente y volar por el cielo, debían tener una tecnología alucinante.

El famoso Árbol de Vida de la Cábala y los vórtices energéticos de los hindúes, guardan una similitud más que curiosa con las estructuras moleculares y el ADN, y no ha faltado quien vea en la Biblia todo un tratado de medicina. Hasta el Nuevo Testamento parece un texto deliberadamente astrológico, con cuatro evangelios que indican los cuatro elementos clásicos: Fuego, Tierra, Agua y Aire; con sus 12 apóstoles de características similares a los 12 signos del zodíaco, como Pedro, un típico Capricornio con ascendente en Leo. Todos los estudiosos señalan que los libros antiguos, sagrados o no, señalan algo más de lo que se lee a simple vista, pero más que divinidad, parece que en ellos hay un mensaje explícito de la capacidad del ser humano de interpretar su realidad y lograr diversas vías de desarrollo que no tienen que ser forzosamente las que utilizamos ahora.

Ante tanto aparente paradigma, que también podría ser fruto de la imaginación o interpretaciones demasiado libres de una lejana realidad, al menos cabe preguntarnos: ¿quiénes somos realmente?, ¿dónde están nuestras verdaderas raíces?

¿A qué venimos a este mundo? ¿Por qué hay tantas preguntas sin respuesta? ¿Por qué tendemos a creernos los únicos, los mejores, los más adelantados? Incluso podríamos preguntarnos simplemente por qué tenemos tanta imaginación, por qué sentimos esa profunda necesidad de creer en algo o en alguien, por qué llevamos esta especie de vacío interior que no podemos llenar con nada, ni con ciencia ni con espiritualidad. En suma, ¿por qué, a pesar de ser miles de millones de seres humanos los que poblamos la Tierra, nos sentimos tan solos?

Es como si alguien o algo nos hubiera robado nuestro pasado, es como si hubiéramos perdido la memoria de una etapa de nuestra historia como especie que puebla la faz de la Tierra.

Nos falta algo, es indudable, ¿pero qué nos falta? Quizá simple y llanamente nos falte un Ángel de la Guarda, alguien en quien poder confiar plenamente y que nos certifique cada día de nuestras vidas que esta realidad no es la única y que hay algo más después de la muerte, y que, a pesar de ser simples bípedos, en nuestro interior se encuentra de verdad la luz radiante del espíritu divino.

III

NUESTROS COMPAÑEROS INVISIBLES

Si sientes un escalofrío
recorriendo tu espalda,
tu cabeza o tu frente,
puede ser la caricia
de quien se encuentra ausente.

La infancia es una edad maravillosa, entre muchas otras cosas, porque aún mantenemos los ojos abiertos a otras realidades, porque aún tenemos recuerdos de vidas anteriores y porque no nos reprimimos para decir lo que sentimos y lo que vemos.

La infancia sin duda es una edad mágica en la que los mundos que nos rodean no se nos escapan como cuando somos adultos, y, lo mejor de todo, no nos da vergüenza ni nos sentimos ridículos por reconocerlo. En esa edad podemos ver detrás de una cortina, debajo de la cama o dentro de un armario, nuevos universos, mundos fantásticos, seres increíbles y todo aquello que más tarde llamamos fantasía e imaginación.

En esa edad maravillosa un amigo invisible es un amigo de verdad, alguien con quien contamos y a veces hasta alguien con quien discutimos y nos peleamos.

Durante nuestros primeros años podemos ver, sin esforzarnos, el aura de las personas, los duendes que hay en el jardín, las sombras que se mueven por la noche en nuestro dormitorio, las risas y los cambios de gestos de nuestros muñecos y hasta, una que otra vez, a nuestro Ángel de la Guarda.

Cuando yo vi al mío, a mi Ángel de la Guarda, no tenía más de un año y medio, pero, por supuesto, en ese momento no me cuestioné si era una visión, un ser fantástico o un ángel. Simplemente supe que era él, mi guía y mi compañero. Han pasado muchos años desde entonces, y sólo lo he visto dos o tres veces más en la vida, justo en los momentos en los que pude recuperar la pureza de alma propia de la infancia.

El psicólogo vienés C. G. Jung descubrió al suyo en la edad adulta, y el escritor español Fernando Sánchez Dragó lo reencontró con el paso del tiempo, y ambos lo declararon abiertamente, sin miedo a lo que pudieran decir o dejar de decir los demás. Es obvio que los dos volvieron a tener la mirada pura de la infancia, esa mirada que nos permite acceder a los diversos mundos que nos rodean y que también están aquí, en eterno contacto con nosotros.

Tal y como lo cuentan las tradiciones orales, parece ser que la humanidad en su conjunto tuvo alguna vez esa pureza de alma y de visión, y camino al lado y de la mano de todos esos seres que han quedado circunscritos a la fantasía y a la imaginación.

Esos seres, ahora invisibles, no han dejado de ser y de estar simplemente porque no los veamos. Ellos siguen ahí, más cerca de lo que pensamos, pero desde que el hombre perdió la inocencia, o como dice la Biblia, desde que comió del fruto prohibido del Árbol del Conocimiento del bien y del mal, fue echado de ese paraíso común y fue condenado a vagar por la Tierra, sin más magia que su imaginación y sin más esperanza que su fantasía.

Los seres humanos nos hemos acostumbrado tanto a dar por cierto y verdadero lo que creemos físico, material, tangible, demostrable y racional, que lejos de querer volver al estado idílico del que gozamos alguna vez, nos alejamos cada día más de nuestro paraíso perdido, y en lugar de encomiar a quien tiene la suerte o las agallas de volver su vista hacia él, lo criticamos y ponemos en duda su cordura.

Es como si tuviéramos miedo a ser felices, o como si realmente estuviéramos castigados por los dioses.

Por supuesto, también hay gente que desea volver al estado ideal con todas sus fuerzas, y que pondera innecesariamente aquello que no conoce, viendo en todo lo que es ajeno a esta realidad seres divinos y superiores que tienen la obligación de salvarnos, o demonios terribles de los que hay que huir a cualquier precio.

En la infancia el miedo tarda en aparecer, pero finalmente llega en cuanto los adultos empiezan a decirnos que esto es bueno o que esto es malo, que esto está bien hecho y que esto otro está mal hecho, que lo que vemos son tonterías y

que lo que hacemos son cosas de niños sin demasiado conocimiento. Entonces empezamos a ver con recelo a nuestro
amigo invisible, y las sombras de la noche se convierten en
seres amenazantes, y los mundos que hay debajo de la cama,
detrás de la cortina o dentro del armario se transforman en
abismos.

El miedo, que no es más que la ausencia de nosotros mismos, pasa a ocupar el lugar de la aventura y de los juegos, y
el duende que jugaba en nuestro jardín, no vuelve a aparecer para mantenerse alejado de nuestros temores, porque sabe
que nuestros temores nos llevan a hacerle daño a lo que no
conocemos o a lo que no consideramos real.

Algún viejo dios debe reírse cuando nos sucede esto, porque ratificamos su juicio y su condena con nuestros actos,
mientras que un viejo titán, amigo de los hombres, debe sufrir
al tiempo que abre la caja de la esperanza para que no nos
perdamos del todo.

No hay leyenda antigua que no hable de una o de dos
destrucciones de los hombres por parte de los dioses. Los aztecas contabilizan hasta cinco renacimientos de la humanidad, y para los hindúes no somos más que el sueño de un dios
que ni siquiera nos conoce.

Los aztecas esperaban el retorno de Quetzalcóatl para
el Quinto Sol, pero la Serpiente Emplumada no volvió,
o por lo menos no ha vuelto. Octavio Augusto intentó
unificar los cultos y las creencias del Imperio Romano
en una sola, para esperar al Niño de Oro de la Nueva Era,
y Julio César cambió el calendario lunar por el calendario
solar con la misma intención. Todos los monarcas de hace

«Así se quedó Jacob solo; y luchó con él un varón hasta que rayaba el alba…
Y llamó Jacob el nombre de aquel lugar, Peniel; porque dijo:
Vi a Dios cara a cara…»
(Génesis 32: 24, 30).

dos mil años creían que en la Era de Piscis los hombres volverían a entrar en contacto con los dioses y con las hadas, y todos esperaban convencidos al Mesías que habría de salvar a la humanidad poniéndola de nuevo en contacto con las alturas. De hecho todas las religiones, de manera velada o abierta, esperan que el contacto se produzca, y para ello hacen profecías y señalan fechas, esperan un Mesías, el fin de los tiempos o hasta la llegada de seres extraterrestres enfundados en trajes espaciales que bajan de sus naves interestelares. Pero las fechas se cumplen y los tiempos pasan, y de una constelación pasamos a otra constelación, y de la Era de Piscis pasamos a la Era de Acuario sin que las puertas del paraíso perdido se abran para nosotros.

De nada sirven las apariciones marianas ni las *Centurias* de Nostradamus, ni las revelaciones de san Juan ni las profecías de la Gran Pirámide, ni el adoctrinamiento de las masas por los Testigos de Jehová, la Iglesia de la Cienciología o del reverendo Moon, porque sigue sin pasar nada de nada, y ni Vishnú ni Shiva abren los ojos, ni los antiguos dioses levantan la mirada.

Mientras que nosotros, los seres humanos, creyentes o no, como ángeles caídos de la más excelsa de las glorias, esperamos que suceda el milagro que le dé un sentido ulterior a nuestra existencia.

Creamos dioses y mitos amparados en la falta de documentación histórica, y algunos seres humanos hasta entran en místicos estados alterados de conciencia, pero al fin de cuentas el resultado es el mismo: no recuperamos la inocencia pura que nos permita entrar de nuevo en contacto con nuestros antiguos compañeros y aliados, sin darnos cuenta de que el milagro sí se produce a diario con cada niño que nace y que ve, sin el cortapisas de la madurez adulta, a esos seres que permanecen velados a nuestros ojos desde el mismo momento en que tomamos conciencia de lo que está bien o mal hecho, como si no supiéramos desde siempre que la única ley posible es la de amar a nuestros hermanos como nos amamos a nosotros mismos.

Nuestros hermanos no son sólo los que vemos y no son sólo los humanos. Se supone que nos dieron esta tierra y todo lo que hay en ella para que la cuidáramos, y no para que la destruyéramos. Tenemos hermanos en el más allá y en el más acá, arriba, abajo, enfrente y a los lados, en esta dimensión y en muchas otras, pero en lugar de abrirnos a ellos nos encerramos en nosotros mismos y nos sentimos los amos del universo cuando no somos apenas nada, y cerramos los ojos en lugar de abrirlos, como si el milagro dependiera de los demás y no de nosotros mismos.

Entre nuestros compañeros invisibles se encuentran esos seres queridos que han traspuesto la línea de la vida, y que desde el más allá nos miran, vigilan y hasta intentan ayudarnos. Padres, abuelos, primos, amigos, amores, hijos de esta vida y otras se interrelacionan con nosotros a cada momento, y están ahí, a nuestro lado, aunque no podamos verlos. Hay personas que permanecen unidas a sus parejas más allá de la muerte física, y el que se queda en este mundo a menudo habla con su pareja muerta aunque hayan pasado veinte o treinta años de su fallecimiento.

De los seres queridos que traspasan el umbral nos queda su memoria, su recuerdo, sus emociones, y hasta su olor y su fantasma. Siguen vivos en nuestra mente y en nuestros sentimientos, manteniéndose atados o cercanos a lo que nos sucede día a día. Muchos vienen a despedirse, pero otros se quedan y podemos hablar con ellos como hablamos con cualquier otra persona encarnada. Algunos nos esperan hasta el momento de nuestra muerte para guiarnos por los caminos del más allá, para que no tengamos miedo a dar el paso final, para señalarnos donde está la luz y dónde están las sombras. Se presentan unos días antes de nuestro final, o el mismo día de nuestro fallecimiento, como quien se presenta a un parto, porque de hecho, cuando morimos en esta Tierra es para nacer en otra dimensión del universo.

No hay tradición oral que no recoja el culto a los antepasados y a los muertos, porque no ha habido grupo humano que no haya tenido la experiencia de contactar con sus difuntos, porque el espíritu esencial de los difuntos se va o renace a una nueva vida en este o en otro plano, pero otra parte se queda a hacernos compañía, a servirnos de inspiración y de guía, de la misma manera que lo haremos nosotros cuando hayamos muerto.

La cadena de la existencia es infinita, y de nada sirve que seamos egoístas, ególatras o simplemente orgullosos, porque la verdad es que no estamos solos, y que nos vamos dando la mano unos a otros a medida que vamos avanzando por el misterio de la existencia.

Si hacemos caso de la física cuántica que nos dice que los rangos de la vibración de la materia son muy diversos, y que un electrón puede estar en dos sitios al mismo tiempo, el espacio que ocupamos bien podría estar ocupado por otros seres tan físicos y orgánicos como nosotros, es decir, de carne y hueso, mortales y hasta con rasgos similares a los nuestros; y lo único que nos separaría de ellos sería el rango de vibración molecular, nada más.

Las matemáticas puras también nos hablan de la posibilidad contante y sonante de otros planos o dimensiones que se escapen a las que conocemos, con lo que podríamos estar conviviendo con seres de cuatro dimensiones sin poder verlos, de la misma manera que un ser de dos dimensiones no nos podría ver a nosotros simplemente porque pertenecemos a un estado tridimensional. En otras palabras, que según la física y las matemáticas, ciencias exactas donde las haya, es perfectamente posible que estemos compartiendo nuestro espacio más inmediato con otras realidades que ni siquiera podemos imaginar, pero que ya están desvelando los aceleradores de electrones y los teóricos físicos y matemáticos.

La pregunta es si en estas realidades, que pueden ser tan tangibles como la nuestra, existen de verdad otros seres, otras formas de vida, otras inteligencias. La intuición y el corazón nos dicen que sí, pero la razón se sigue resistiendo a tal posibilidad. Por un lado deseamos que sí, que en esas realidades haya otra forma de vida y de existencia, pero por el otro nos da miedo que la realidad que conocemos sea rebasada por otra realidad más amplia y más compleja.

Si hacemos caso a las leyendas, resulta que la humanidad estaba en contacto directo con dichas realidades hace unos cuantos miles de años; y si hacemos caso a videntes o a simples personas que han tenido experiencias que llamamos sobrenaturales, podríamos decir que la puerta no está cerrada del todo y que de vez en cuando hay quien la traspasa en uno u otro sentido, manteniendo el contacto de manera esporádica.

Nuestro amigos invisibles están ahí, como siempre han estado, sólo hace falta que podamos cruzar el umbral para reencontrarlos.

IV

¿QUÉ O QUIÉNES
SON LOS ÁNGELES?

Entre el Cielo y la Tierra,
entre los dioses y los hombres,
entre los planetas y los soles,
habitan y vuelan los ángeles.

En la tradición judeocristiana la presencia de los ángeles es tan habitual, que la Biblia y los libros sagrados que derivan de ella no podrían explicarse sin su presencia.

La palabra *ángel* no quiere decir otra cosa que «mensajero», pero sus funciones, según la Biblia, van un poco más allá de ser simples portadores de la palabra de Dios.

Los estudiosos de las Sagradas Escrituras tienen bastante trabajo si desean estudiar la figura de los ángeles a lo largo de los diversos libros que las componen. En el Génesis, por ejemplo y tomando como base la traducción al castellano de la Vulgata, el ángel que arroja a Adán y Eva del Paraíso blandiendo una espada de fuego (un lanzallamas convencional o una espada láser al estilo Guerra de las Galaxias), es un querubín, pero según la versión inglesa de los Santos de los Últimos Días, es un arcángel. En otros textos menos sagrados e inspirados podemos encontrar que el arcángel en cuestión es Gabriel, pero no todos están de acuerdo con dicha versión y no falta quien ponga la espada de fuego en manos del arcángel Miguel. De esta manera, y antes de haber pasado las tres primeras páginas de la Biblia, ya hay suficiente material para la polémica, y para que sabios y eruditos discutan entre ellos sobre la figura de los ángeles.

Faltan en dicha polémica los Elohim, que aparecen en versiones griegas y hebreas, pero que no lo hacen en otras que los sustituyen directamente por la palabra Dios, a pesar de que *elohim* es un plural que algunos traducen como «hijos del sol o de Dios». Los Elohim en cuestión son seres divinos que aparecen en la creación del hombre y la mujer a su imagen y semejanza, y en la unión carnal de los hijos de Dios con las hijas del hombre, cosa que no le hizo ninguna gracia a Dios, que critica a los hombres por su carnalidad, es decir, por provocar a sus hijos divinos, en lugar de criticar a éstos por tener relaciones sexuales con las provocativas hijas de los hombres.

Pero como traducir es traicionar el texto original, muchas de las discusiones que nacen a partir de las diferentes versiones de la Biblia pueden resultar completamente estériles, y todo lo que se diga al respecto puede caer perfectamente en el campo de la especulación y la interpretación más o menos libre, que en el campo del estudio. Tendríamos que saber hebreo o caldeo, y conocer los relatos asirios y sumerios, sólo para empezar a leer los textos que conforman los libros sagrados israelitas. Es posible que con el copto, lengua en la que realmente se escribió la Biblia que conocemos 530 años antes de Cristo y de la mano del escriba judío Esdras, tuviéramos suficiente para saber de primera mano qué dice y qué no dice exactamente la Biblia, porque mientras en unas versiones encontramos a los reinos de Edom como sobrevivientes del holocausto anterior a la creación del hombre como ser humano e hijo de Dios (es decir, como israelita), en otras los pueblos de hombres y gentiles que vivían cerca del Paraíso en pleno Próximo Oriente no aparecen para nada.

Los ángeles aparecen en todas las versiones, pero mientras en unas su presencia es clara y definida, en otras se confunde al mismo Dios con uno de sus acólitos de luz, como sucede en el pasaje en el que Abraham está a punto de sacrificar a su hijo, donde tan pronto habla Dios exigiendo la muerte del muchacho como tan pronto es un ángel quien grita y baja para impedirlo.

Los ángeles, como emisarios del Señor, llevan mensajes a los profetas, pero también convierten en fecundas a las mujeres, por viejas que sean, o intervienen en luchas para ayudar al pueblo elegido de Dios. El arcángel Gabriel, además de ser uno de los favoritos para llevar la espada de fuego, también es el inspirador del Corán (versión musulmana de la Biblia), y el que hace descender la gracia del Espíritu Santo sobre la Virgen María para que ésta quede encinta sin mácula y dé a luz al Mesías.

Un ángel no es otra cosa que un espíritu o inteligencia celestial creada por Dios para que sirva a su ministerio, a la Naturaleza y a los hombres. Según la tradición, Dios creó a un Ángel de la Guarda para cada ser humano, es decir, que cada uno de nosotros tiene a su propio y muy particular ángel custodio, personal e intransferible, para que le ayude, le guíe y le proteja.

Los ángeles tienen diversas denominaciones y pertenecen a diversas jerarquías. En las religiones que fueron fuente y base del judaísmo, y sobre todo en la de Zoroastro, los ángeles eran simplemente seres incorpóreos, inmateriales o de luz, más cercanos a Dios que a los hombres, que se aparecían a los hombres sólo en ocasiones especiales, generalmente tragedias, y los trataban con superioridad y displicencia, con frialdad y hasta con crueldad.

En la Biblia los ángeles siguen siendo algo crueles, implacables y distantes, sobre todo con aquellos que no estaban bajo la protección de Jehová, pero se acercan más al ser humano y a veces hasta tienen piedad de los hombres. Incluso había ángeles viejos, o ángeles que comían y reposaban gracias a la hospitalidad de los seres humanos, es decir, ángeles que tomaban cuerpo y que tenían necesidad de alimento o de descanso.

A pesar de lo que se puede leer en la Biblia, la Iglesia intentó difundir la idea de que los ángeles eran incorpóreos, como los de Zoroastro, sin necesidades humanas y muy superiores al alma o al espíritu del hombre, o, en otras palabras, que con los seres humanos no tenían nada qué hacer ni por qué comunicarse con ellos, a menos que fueran el Papa o un obispo importante. La Iglesia también intentó censurar y hasta prohibir la lectura de la Biblia, pero en ambos casos falló y el pueblo tomó a los ángeles como a cualquier otra imagen mágica o religiosa, y los incluyó en sus santuarios.

La versión hindú de los ángeles recae en los *devas*, y en la mitología nórdica el honor corresponde a los *elfos*. En otras religiones son dioses menores o semidioses, pero en todas parece haber un punto intermedio entre la divinidad superior y los hombres. Por supuesto, en la cultura católica los santos y las vírgenes juegan un papel similar, y en algunas culturas primitivas dicho puesto puede reservarse perfectamente al brujo, al sacerdote o al monarca de la tribu.

En la tradición judeocristiana los ángeles superiores están divididos en tres jerarquías.

La primera, cercana a vírgenes, santos y profetas, está compuesta por Serafines, Querubines y Tronos.

La segunda, más guerrera que intermediaria, está formada por Dominaciones, Virtudes y Potencias.

Y la tercera, la más cercana a Dios, cuenta entre sus filas a Principados, Arcángeles y Ángeles.

Todos estos ángeles forman coros que cantan y alaban constantemente a Dios, y que obedecen sus órdenes. Los de la segunda jerarquía son los menos conocidos por los hombres, pero los otros son frecuentes en estampas, relatos y leyendas.

Los ángeles son muy numerosos, sus ejércitos son nutridos, y superan a los seres humanos en todos los terrenos, incluida la cantidad de congéneres. Se supone que no tienen sexo, aunque en algunos relatos se hable de su unión carnal con las hijas de los hombres, pero su apariencia es más infantil y masculina, que femenina. En la mayoría de las tradiciones y sobre todo en las de orientación judeocristiana Dios es masculino, los ángeles son masculinos y los seres humanos de este género son sus favoritos, mientras que la mujer, a la que se le ha supuesto alma interior hace apenas medio siglo, queda lejos de su estela. La única figura femenina del cristianismo es la Virgen María, pero para musulmanes y judíos no hay aspecto femenino que valga.

Sólo el Ángel de la Guarda puede tener aspecto y voz de mujer, o aspecto y voz de hombre, el resto de los ángeles es básicamente de apariencia masculina, al menos según las tradiciones y las leyendas. Incluso las niñas le rezan a su Ángel de la Guarda y no a su «Ángela de la Guarda».

En nuestras culturas de orientación judeocristiana la mujer es causa de males y de pecados, de tentaciones y debilidad, de pérdida de paraísos y de todo tipo de males y desgracias, mientras que en otras culturas se dedican a algo más que ser madres, simples fuentes de reproducción, y demuestran que las hadas, las diosas y las mujeres de los elfos tienen un poder y una jerarquía propios perfectamente equiparable a los de los dioses.

Y ya que hablamos de ángeles no podemos dejar de lado a Luzbel o Lucifer, el más luminoso de los ángeles del Señor, el que estuvo más cerca de él, el que brillaba más que mil soles, el que quería ser la luz y la inspiración de los hombres, porque él fue el comandante de las fuerzas que se rebelaron contra la voluntad divina, el que cayó en los abismos, junto con el resto de sus tropas, donde moran desde entonces

«… y el ángel de Jehová se puso en el camino [de Balaam] por adversario suyo…
Y el asno vio al ángel de Jehová… y se apartó del camino»
(Números 22: 22-23).

como demonios y espíritus inferiores, y el que espera desde entonces una sola ojeada de Dios para volver a las alturas, porque una simple mirada de Dios, aunque sea por descuido, es capaz de redimirlo de todos sus pecados.

Existen leyendas caldeas y asirias que hablan de los dioses antiguos, como Baal y Abraxas, en los que cabía el bien y el mal, el premio y el castigo, las huestes angelicales y las demoníacas. Cuentan las leyendas, por ejemplo, que Abraxas se dividió a sí mismo en dos, tras una terrible lucha interna, y que lanzó a su parte incandescente y oscura a los abismos, al tiempo que su parte luminosa y etérea se elevaba a los cielos. Desde entonces, la parte etérea de Abraxas reina en los cielos, muy lejos de nosotros, mientras que su parte fogosa y material reina en la Tierra. La etérea ya no nos comprende, y la material está demasiado enfadada con los hombres como para atendernos, pero, como tampoco nos desea ningún mal, envía a sus huestes a que se ocupen de nuestros asuntos terrenales.

En base a estos relatos, y a su similitud con muchos otros, hay gente que no ve en Luzbel al famoso enemigo, al tramposo y embustero, al renegado de Dios, sino simplemente a un ángel cercano que alguna vez estuvo de parte de los hombres, como Quetzalcóatl o Prometeo, y a él elevan sus plegarias.

Los conceptos de bondad o maldad relacionados con los dioses y los ángeles es más moderno de lo que se supone, ya que hasta hace unos siglos lo que importaba es que el Dios o el ángel protector fuera poderoso, y si se podía, que fuera el más poderoso de todos. No importaba que tuviera malas pulgas o que castigara y sometiera con crueldad a los hombres, ni siquiera se esperaba de él que fuera sentimental o sensible, honesto y recto, puro y sencillo, porque la moral y las pautas de comportamiento estaban hechas para los hombres y no para los ángeles y los dioses. El asesinato estaba prohibido y castigado entre los hombres, pero los dioses y los ángeles podían matar pueblos enteros. Los hombres tenían que hacer sacrificios a los dioses, pero los dioses no tenían que hacer otra cosa que soportar las miserias y las torpezas de los hombres. Los hombres tenían que ser cautos con lo que comían y en la forma en que se relacionaban sexualmente, pero los dioses y los ángeles tenían vía libre en este terreno. Algunas culturas africanas siguen relacionando las desgracias, las catástrofes y las tragedias con la visita de los dioses, de la misma manera que lo hacían los griegos hace dos mil y pico de años, porque para ellos la fuerza de los dioses es tan tremenda como incomprensible, y generalmente se utiliza más para castigar a los hombres que para premiarlos; en este orden de ideas, los dioses hacen más que suficiente permitiéndonos vivir y comer en este planeta. Si la tierra es fértil y la caza es buena, los dioses y los ángeles ya han hecho más que suficiente.

Para agradar a ángeles y dioses los seres humanos han hecho de todo, desde sacrificios hasta peregrinaciones, y desde pequeños altares hasta grandes templos, mientras que los dioses sólo han tenido que evitar que el caos nos aborde. Nacer ya es todo un milagro, de la misma manera que lo es que las estrellas no caigan sobre nosotros o que el sol vuelva al otro día.

Las guerras y las iras de los ángeles y los dioses han afectado más de una vez a la humanidad, pero las guerras de los hombres jamás han hecho mella en los seres divinos, porque a ellos, por lo que parece, les afecta más nuestra fe y nuestro comportamiento individual de cara a ellos, que cualquier otra cosa. Los dioses y los ángeles, recordados u olvidados, pueden vivir sin los hombres, pero los hombres no pueden vivir sin la llama divina de las inteligencias celestiales.

Esto ese lo que nos cuentan las leyendas, los libros sagrados y las tradiciones, pero, para nosotros y desde nuestra perspectiva, ¿qué son y quiénes son los ángeles?

¿Existen o no existen? ¿Son y están o sólo son? ¿Viven entre nosotros o son un simple juego de nuestra imaginación? ¿Se han olvidado de nosotros o nosotros nos hemos olvidado de ellos? ¿Son una moda que va y viene, o realmente tienen un peso específico en nuestras vidas?

De pequeño mi abuela me enseñó a rezar:

> *Ángel de la Guarda,*
> *dulce compañía,*
> *no me desampares*
> *ni de noche ni de día,*
> *no me dejes sólo*
> *que me perdería.*

Y yo cada noche me encomendaba a mi Ángel de la Guarda, sin relacionarlo con aquel ser luminoso que se apareció ante mi cuna cuando yo sólo era un bebé de año y medio.

Para mí, el Ángel de la Guarda que invocaba no tenía nada qué ver con las formas inmateriales y luminosas que defiende la Iglesia. Yo lo imaginaba alto y fuerte, de mirada penetrante, más como si fuera un guerrero espacial y no como una dulce compañía celestial. Durante mucho tiempo le llamé «ángel de la muerte», pero no porque fuera un asesino, sino porque lo veía capaz de destruir cualquier mala influencia que pudiera afectarme, de aniquilar cualquier demonio o cualquier espíritu negativo.

El que me visitó en la cuna era una especie de luz incandescente de color dorado y con una forma parecida a la humana, al menos en la silueta, que parecía llevar un par de grandes alas recogidas y un par de brazos y piernas que se movían en estelas luminosas, como si movieran una especie de manto de luz. Su voz era varonil, pero suave y templada, y resonaba más dentro de mi cabeza que en mis oídos. Me habló de tú a tú, como si yo fuera un adulto y no un bebé, y yo también le respondía como si nos conociéramos de toda la existencia con una madurez que quizá nunca tendré. Hablamos principalmente de lo que sería mi vida en esta tierra, y me dejó elegir una que otra fecha señalada para tal o cual aspecto de mi presencia temporal en este planeta. Después se despidió de mí, dándome a entender que siempre estaría muy cerca de mi persona.

Esta es sólo una impresión muy particular, y quizás un juego de mi mente, pero para mí y en su momento fue muy real, y, sin embargo, tardé mucho tiempo en relacionar ese fenómeno con mi Ángel de la Guarda.

Por supuesto, dependiendo de la cultura y de la educación de cada quién, todos y cada uno de nosotros tiene su propia versión. Algunas personas han tenido experiencias similares a la mía; otras han tenido experiencias completamente distintas; y también hay quien no ha tenido experiencia alguna, y, si la ha tenido, simplemente no la recuerda.

Basta con ver una película o leer un libro que hable de ángeles para descubrir las visiones tan distintas que hay sobre estos seres. Más de un autor los retrata fríos, distantes y crueles; pero tampoco falta quien los dibuje dulces, bellos y amorosos.

Es obvio y patente que cada quien ve a los ángeles desde su punto de vista, y que los interpreta, aceptándolos o negándolos, como le parece; y esto no es nada raro si tomamos en cuenta, que, según las tradiciones, Dios creó a un Ángel de la Guarda para cada uno de nosotros, y que los otros ángeles, los que están a sus pies formando coros en el Cielo, sólo se acercan a la humanidad cuando Dios tiene algo que decirle a los hombres. De esta manera es normal que haya ángeles que apenas si conozcan a los humanos, y que estén muy alejados de nuestras necesidades y sentimientos, mientras que otros pueden ser, sobre todo los ángeles de la guarda, más cercanos a nuestras concepciones y más agradables a nuestra sensibilidad humana.

Por supuesto, los humanos preferimos a los ángeles que son todo amor y todo bondad, y alejamos de nosotros a los que pueden ser guerreros, insensibles a nuestras peticiones y muy pagados de sí, porque, como dicen los textos sagrados, un hombre puede evolucionar y ascender, pero los ángeles, tan cercanos a la perfección como están, difícilmente pueden cambiar o mejorar.

Es indudable que el hombre crea a sus dioses y ángeles a su imagen y semejanza, o bien, que los escoge pensando en sí mismo, en sus carencias y necesidades.

Cada cultura dibuja a sus seres de luz a partir de su estado de civilización y en consonancia con su idiosincrasia. En los desiertos del norte de África los seres de luz no podían ser los mismos que los elfos de las zonas del centro de Europa. Una hada de los bosques noruegos o irlandeses no tiene nada qué ver con las divinidades tropicales.

De la misma manera, una persona entregada a su trabajo y obediente de las leyes sociales no verá, interpretará o percibirá a los ángeles de la misma manera que lo hará una persona rebelde y bohemia. Un ateo cuando mucho verá una necesidad sociológica en los seres divinos, mientras que un creyente verá las puertas del Cielo y del Paraíso en los mismos seres.

Para unos un ángel bueno será el que les dé dinero, y para otros el que les dé salud, porque nuestra interpretación de la espiritualidad depende de lo que necesitamos o de lo que queremos como seres humanos.

Hace dos mil años a nadie se le hubiera ocurrido pedirle a un ángel felicidad, pensamiento positivo o crecimiento personal, de la misma manera que ahora a casi nadie se le ocurriría pedirle a un ángel que mantenga viva a su mejor vaca lechera, o que haga fértil el trozo de tierra que pisamos.

Los dioses nos hicieron a su imagen y semejanza, y nosotros, en consecuencia, buscamos a los ángeles y seres celestiales que más se parezcan a nosotros, porque sólo de esta manera pueden acercarse a nosotros y ayudarnos porque nos comprenden.

¿Qué son los ángeles? Pueden ser inteligencias celestiales independientes, pero también luces de nuestro pensamiento. ¿Quiénes son los ángeles? Pueden ser seres fríos y distantes que no podemos concebir ni comprender del todo, o hermanos superiores que nos ayudan a evolucionar, de la misma manera que nosotros deberíamos ayudar a evolucionar a nuestros perros y a nuestros gatos, porque es muy posible que los dioses nos hayan entregado a los ángeles para que domeñaran sobre nosotros, de la misma manera que a nosotros nos entregaron al mundo y a la naturaleza para que domeñáramos sobre ellos.

V

LAS JERARQUÍAS CELESTIALES

La espiral de la existencia
no tiene alto ni bajo,
ancho ni fondo,
y abre la puerta de la vida
en cualquier punto y en cualquier tiempo.

Los seres humanos tenemos la tendencia a verlo todo como una línea recta que va hacia adelante, o como una escalera que nos permite el ascenso. Todo lo vemos como una estructura piramidal donde la gran base alimenta a los pisos superiores hasta llegar a la cima donde gobierna uno solo.

Necesitamos algo que nos señale el camino, alguien que nos guíe. Nacemos con una conciencia rudimentaria de lo que está bien hecho y de lo que está mal hecho, así que requerimos de leyes que ordenen nuestra conducta y nuestro pensamiento. Donde hay cuatro que trabajen, es necesario uno que mande y que organice el trabajo.

Medimos nuestras fuerzas en base a lo que tenemos y a lo que sabemos, y envidiamos y admiramos a los que tienen más o saben más que nosotros.

Triunfar y mandar es un anhelo de todos los hombres, pero a la hora de tomar el liderazgo o la responsabilidad de algo o de alguien, son muy pocos los que en realidad están dispuestos a hacerlo.

Para uno que quiere ser el centro de atención y destacar, hay cien que quieren pasar desapercibidos. No son pocas las ocasiones en las que preferimos echar la culpa de nuestras miserias a los que mandan, antes que asumir nuestra participación en el desarrollo de los acontecimientos.

Apelamos a las fuerzas superiores porque nos sentimos incapaces de salir adelante por nuestros propios medios, y ante un duro trance preferimos que sea Dios o la Virgen quiénes se encarguen de nuestra suerte.

La mayoría no podemos imaginarnos un espíritu libre de ataduras, independiente de jefes, y eso que el espíritu debería ser nuestra parte más libre. Concebimos el mundo espiritual de la misma manera que concebimos el mundo material, y no dudamos en señalar a Dios como el mandamás de todo y a los ángeles como sus fieles acólitos, incapaces de tomar una decisión o determinación por sí mismos, porque todo depende de la voluntad del jefe.

Suponemos que todo debe tener un orden, un sentido, un fin, porque ante el caos nos sentimos impotentes. Queremos tener la certeza de lo intangible, y para lograrlo hacemos todo tipo de cábalas intelectuales, porque ya que no lo podemos tocar ni demostrar, sí podemos pensarlo, y lo pensamos buscando un orden lógico, lo más elevado, puro y justo posible, pero lógico, porque de otra manera no podría entrar en nuestras estructuras y concepciones mentales.

Por absurdo que parezca algo, nos gusta que nos lo expliquen o que tenga una explicación lo más cercana posible a nuestra lógica, a nuestro entendimiento, y cuando creemos que todo cuadra con nuestra forma de ser y de pensar, lo aceptamos y lo damos por cierto.

Las grandes religiones, para no complicarse la existencia intentando explicar lo inexplicable, porque muchas veces una explicación se contradice con otra, toman el camino de señalar como misterio o doctrina sólo accesible para los iniciados, aquello que no pueden relatar con palabras claras y llanas al pueblo.

Dicen que estamos en la época de la información y que la información es poder, pero la verdad es que el conocimiento de tal o cual «secreto» siempre ha sido muy valioso para quien detenta un poder o utiliza esa información en beneficio propio aprovechándose de la inocencia y de la ignorancia del resto.

De esta manera, entre nuestra tendencia a ver jerarquías y seres superiores por todas partes, y la obsesión por mantener en secreto los misterios, las huestes divinas se han visto bautizadas con todo tipo de nombres y cubiertas con todo tipo de velos.

El ser humano es muy complejo, tanto, que quizá los dioses desistieron de su contacto directo con nosotros simplemente por no verse involucrados en tanto devaneo y complicación mental.

Dentro de las estructuras mentales de la humanidad, un dios no puede hablarle a todo el mundo, a todos y cada uno de nosotros, porque se parte de la base que unos son más dignos que otros para comunicarse con los seres divinos, y no sólo porque lo digan los que mandan en el mundo material, sino porque los que acatan y obedecen se niegan de entrada a sí mismos la categoría necesaria para hablar con un ser divino.

De hecho es precisamente la gran mayoría de la humanidad la que resuma bondad, amor, buen comportamiento y acatamiento de las leyes y de las premisas morales y espirituales, porque de no hacerlo de verdad nos veríamos sumidos en el caos, la ruina y el desconcierto. Este mundo funciona gracias a que la gran mayoría de los seres humanos son dignos y buenos, temerosos de Dios y dispuestos a realizar cualquier sacrificio para obtener la gloria del espíritu. Y precisamente los que mandan, los que consideramos más sabios, ricos, poderosos y elevados, son mucho menos adecuados para estar en contacto con las inteligencias celestiales; pero, y aunque en el fondo de nuestros corazones sepamos que es así, no queremos cargar con la responsabilidad de hablar con los seres celestiales y dejamos en manos de nuestros jerarcas religiosos dicha labor, como si ésta se pudiera dar sólo porque un hombre ostenta el título de sumo sacerdote, papa, gran mago, iluminado, iniciado o brujo de la tribu, como si a un ser espiritual realmente le impresionaran las jerarquías humanas, y prefiriera a un hombre por sus riquezas terrenales en detrimento de otro que no esté aferrado a nada ni represente a nadie.

Nuestros «humanos superiores» lo son sólo porque nosotros los colocamos en sus pedestales, pero eso no quiere decir que un dios, un ángel o un elfo los tenga en la misma consideración. Pero así somos y creo que no cambiaremos demasiado en los próximos mil años, por lo que seguiremos creyendo más en las jerarquías y en el orden jerárquico de las cosas que en nosotros mismos.

Veamos unos cuantos órdenes jerárquicos en relación con los ángeles desde diversos puntos de vista.

Según el Árbol de Vida

Jerarquía Divina

Dios
Ángel de la Sabiduría
Ángel del Conocimiento
Ángel de la Aspiración
Ángel de la Devoción
Ángel de la Creación
Ángel del Juicio
Ángel de la Victoria
Ángel de la Moral
Ángel del Reino

Jerarquía Intermedia (Humana)

Jerarcas designados por la Gracia Divina
Sabios
Investigadores
Místicos
Religiosos
Misioneros
Jueces
Guerreros
Hombres
Mujeres

Jerarquía Inferior

Luzbel
Ángel de la Tentación
Ángel de la Ignorancia
Ángel del Mal
Ángel de la Oscuridad
Ángel del Miedo
Ángel de la Crueldad
Ángel de la Muerte
Ángel del Hambre
Ángel de la Negación o de la Desobediencia

Los nombres pueden cambiar según la interpretación, y aún faltaría indicar una cuarta jerarquía más deprimida repre-

«Y el Príncipe del ejército de Jehová respondió a Josué:
Quita el calzado de tus pies, porque el lugar donde estás es santo...»
(Josué 5: 15).

sentada por los elementales, es decir, por seres que son hijos del miedo y de la oscuridad, o de las perversiones y las fantasías malévolas, tan poco evolucionados y ruines que pueden ser utilizados por cualquier otro ser, incluidos los humanos, sobre todo aquellos que se dedican a la magia, la adivinación o las malas artes.

Muchos de nuestros deseos, sobre todo los sucios o pecaminosos, están representados por estos seres, como los pecados capitales. Los elementales son aparentemente más listos que los animales, porque saben hablar, pero en realidad no tienen mucho entendimiento y se dejan manipular e influir por cualquiera.

Modelo Platónico

• Los dioses perfectos se encuentran en el Mundo Arquetípico.

• Las Inteligencias Celestiales se encuentran en el Mundo Espiritual.

• El contacto entre los dioses, sus emisarios y los hombres se encuentra en el Mundo Intelectual.

• Y en el Mundo Material sólo se encuentran los hombres, los animales y las cosas materiales, como pálido e imperfecto reflejo de lo que existe en el Mundo Arquetípico.

Las Doce Jerarquías Creadoras
(Teosofía, Esoterismo y Gnosticismo)

1ª Sustancia Inteligente, Móvil Primario, Macroprosopus o Dios Inconcebible e Innombrable, el Más Elevado, Todo Perfección, Todo Luz, Todo Parte Recta, Inconmensurable e Inconmovible.

2ª Unidad, Voluntad, Esfuerzo, Manifestación, Inicio, Impulso Creativo. Primera Luz que rasga la Oscuridad Sempiterna.

3ª Extensión de la Luz, Materialización de la Energía Divina. Primeras Chispas de los Logos. Impulso Expansivo.

4ª Partición, Inicio de la Dualidad. Integración. Cohesión. Repetición de los Primeros Ciclos. Comienzo de los Tiempos. Continuidad y Fraccionamiento del Tiempo y el Espacio.

5ª Manifestación de la Existencia. Nacimiento de las Realidades. División de las Dimensiones. Primeras Formas de Vida Eterna. Inteligencias Celestiales. Arcángeles Superiores Universales.

6ª Propagación de la Energía Suprema. Primeros Filamentos de Vida Cíclica. Organización de la Materia. Preparación de la Naturaleza. Despertar de los Logos Estelares. Arcángeles Superiores Galácticos.

7ª Ideal Materializado. Primeros Seres de Luz. Despertar de los Logos Planetarios. Flamas del Reflejo Divino. Voluntad Establecida. Plano Monádico. Dioses o reflejos de Dios y sus Huestes Angelicales.

8ª Creación del Mundo Intelectual. Fuerza Mental. Plano Átmico. Nacimiento de las Almas. Pitris encargados de la Evolución de los Nuevos Seres. Arcángeles Locales de Sistemas Planetarios.

9ª Arcángeles y Ángeles Solares. Creación Planetaria. El Verbo Hecho Carne. Cultivos. Fundación.

10ª Ángeles Guardianes. Voluntad de la Manifestación de los Seres Materiales y Perecederos. Idea y Preparación de los Seres Humanos. Pitris Lunares como Señores, Amos y primeros guías de los Hombres en estado animal y lunar. Nacen los Ciclos y el Tiempo Terrestre.

11ª Seres Terrestres de Luz. Materialización de los Filamentos. División de los Géneros. Dioses Generadores y Diosas Fecundas. Selección Espiritual.

12ª Vidas Elementales. Evolución. Selección Natural. Primeros Hombres en Espíritu. Primeros Hombres en Materia. Los Primeros Grandes Jerarcas e Iluminados de la Humanidad. Plan Divino. Primer Inicio. Primera Era. Contacto entre Seres Divinos y Seres Materiales. Primera Guerra Estelar. Ángeles Caídos y Ángeles Terrestres. Segundo Inicio. Ángeles y Dioses Menores Dirigentes de la Tierra.

Después viene el Vacío, la última glaciación y la Tercera Era de la Humanidad que sigue bajo el mandato de la 12ª Jerarquía y Tres Iluminados, Buda, Jesús y Mahoma, auxiliados por los Ángeles Guardianes y la Jerarquía Humana Oculta. Todo ello en espera de que llegue la Cuarta Época de la mano de la Raza Cósmica, se borre el tiempo y las barreras dimensionales, y vuelva a reinar entre nosotros la Primera Jerarquía.

Hay tantas jerarquías y órdenes jerárquicas, como pensamientos mágicos y religiosos, y aunque hay cierta coincidencias en algunos puntos, como la posición más elevada del Dios Absoluto y la más baja y deprimida de los seres humanos, los elementales y los demonios, en el resto las variantes sólo coinciden en ciertos simbolismos, entre místicos y seudocientíficos, que corresponden más o menos a las distintas épocas de la Tierra, aunque su orden y cronología no sea concurrente.

Las cosmologías se semejan, y hasta hay cuentos y leyendas que se repiten, con los mismos personajes aunque con diferentes nombres, a lo largo y ancho de la historia de la humanidad, confluyendo todas en una sola cosa: señalar la Jerarquía elevada de los dioses, ángeles y seres espirituales, así como la inferioridad, debilidad, torpeza y dependencia de los seres humanos ante estas entidades celestiales.

Pero las jerarquías no se detienen aquí, porque a una hay que añadirles otras que relacionan al hombre con los dioses a través del Plan Divino o plan de la evolución humana, que va desde su forma más primitiva y elemental, a la más elevada, donde el hombre debe partir de sí mismo para llegar o alcanzar el estado divino.

Los Rayos de Poder y los Ángeles

1er Rayo. Dios, Voluntad y Poder.

2º Rayo. Arcángeles, Amor y Sabiduría, Intuición.

3er Rayo. Ángeles, Inteligencias Celestiales, Mente Abstracta.

4º Rayo. Seres Humanos en Estado Divino, Ángeles Creadores o Inspiradores de Lucha, Forma, Conflicto.

5º Rayo. Seres Humanos en Estado Intelectual, Ángeles Inspiradores de la Ciencia.

6º Rayo. Ángeles Guardianes y Ángeles Inspiradores de Devoción y Aspiración. Transición para el Nacimiento.

7º Rayo. Seres Espirituales, Contacto con las Entidades Divinas, Seres Humanos en Estado Material. Ángeles Inspiradores de la Magia y el Ritual.

Volver al Seno Divino, Ángeles y Numerología

0 En el Principio de todos los Principios no había nada, sólo Vacío.

1 La Luz se Manifestó e inundó todo el Vacío con una simple Chispa de Poder Divino.

2 La Chispa de Poder Divino empezó a organizarse y a solidificarse primero como Energía Divina y luego como Materia Divina, y ambas eran prácticamente la misma cosa.

3 Se agrupan las Energías y las Materias Divinas haciendo el Caldo de Cultivo de las Estrellas y el Universo.

4 Los dioses toman Conciencia de Sí Mismos y Crean a sus Huestes.

5 Nace la Aspiración de Ser y Manifestarse, y se solidifican las Estrellas y crean a sus satélites, los planetas.

6 Miríadas y miríadas de Seres Divinos quieren generar, crear y producir Vida en todas sus formas.

7 Se colocan las semillas de la Vida en todo el Universo y se abren las Puertas entre lo Creado y lo Divino.

8 Muchos Seres Espirituales (Ángeles) se rebelan de sus Creadores, caen, se encarnan y se cierran las Puertas entre lo

Creado y lo Divino, y quedan atrapados en el Espíritu, la Inteligencia y la Carne.

9 Aparecen los Seres Humanos con una Chispa de Luz Divina en su interior, y desde el primer momento su único fin, deseo y aspiración, es recorrer el Camino Inverso, hasta lograr volver a la Luz Primordial o la Nada Divina, que en realidad es el Todo.

Por supuesto, y no podíamos dejarlo pasar por alto, no faltan leyendas, historias y creencias donde los seres humanos son señalados como posibles ángeles, ya sea por sus méritos y fidelidad a sus creencias, o simplemente porque en el fondo todos y cada uno de los seres humanos siempre han sido ángeles, posiblemente ángeles caídos y encarnados, pero ángeles al fin y al cabo. En la cultura occidental hay más de un relato que señala la posibilidad de alcanzar un estadio superior en el camino de la evolución, pasando de ser simples seres humanos a aspirantes de ángeles.

Según estos relatos, para ser ángel se necesita haber vivido una vida más o menos ejemplar, tener mucha fe y una gran vocación de servicio.

Al morir hay que pasar por el purgatorio y un juicio de nuestros actos en la Tierra, y después de hacerlo se nos da la oportunidad de ayudar a los que se han quedado aquí abajo.

Entonces nuestro espíritu desencarnado desciende y se dedica a cuidar de una persona, es decir, que se convierte en una especie de Ángel de la Guarda a prueba.

Si nuestro espíritu logra ayudar, inspirar y guiar a la persona encargada, volverá a subir al cielo con nuevos y renovados méritos, y recibirá sus primeras alas, es decir, se convertirá en un Ángel de verdad, y se ocupará de tareas que señalaremos en el último capítulo de este libro.

Los 72 Nombres de Dios

Dentro de la tradición cabalística hay una tabla llamada *Schemhamphorash* que contiene 72 nombres.

Esos 72 nombres son los Nombres Secretos de Dios, es decir, los apelativos con los que podemos invocar la protección divina.

Cada uno de los nombres, además, representa a cada uno de los Ángeles encargados de cuidar la Tierra, y de llevar y traer mensajes de Dios a los hombres y de los hombres a Dios.

Cuando esto sucede, es decir, cuando la Voluntad Divina de Dios se manifiesta a través de dichos Ángeles, a los nombres se les debe añadir el prefijo o sufijo EL, como en el caso de los Elohim o de Jab-el. También se puede sellar el nombre con una H al final, utilizando la última letra del nombre hebreo de Jehová: IHVH.

Estas cuatro letras, que además representan los 4 elementos clásicos y los 4 puntos cardinales, es decir, el total de la Creación, son las que dan origen a los nombres.

De esta manera, a cada letra le corresponden 18 nombres divinos:

- 18 Nombres de Ángeles y de Dios para la I, transformada en Y o en J en otros idiomas, por lo que el nombre de Iam se pueden convertir en Yam o en Jam.

- 18 Nombres de Ángeles y de Dios para la primera H, transformada en Ha, Ja o en A otros idiomas.

- 18 Nombres de Ángeles y de Dios para la V, convertida en W, B o U en otras lenguas.

- Y 18 Nombres de Ángeles y de Dios para la segunda H, convertida en He, Ge, Je o Ve, para otras formas de expresión diferentes al hebreo.

Cada Nombre ocupa un ciclo de cinco días a lo largo del año, es decir, que cada uno de los 72 Ángeles se ocupa de proteger y de vigilar la Tierra durante cinco días al año. Adecuados al círculo zodiacal, donde sí hay 360 grados exactos, los nombres de Dios y los Ángeles que le representan sí pueden cuidar y encargarse de los seres humanos que han nacido dentro de cada 5 grados de zodíaco, como ya expuse en otro libro sobre ángeles, y que está de más repetir aquí porque el Ángel de la Guarda particular no tiene nada qué ver con ellos, que no sea su origen divino y celestial.

Los cinco días sobrantes del año

De esta manera quedan cinco días al año donde no se cuenta con protección divina ni angelical, y estos días, dependiendo del calendario, transcurren los últimos cinco días del año, los primeros cinco días de noviembre, o cinco días centrados en el mes de febrero, generalmente entre el 13 y 18 de febrero. Por supuesto, en todas las culturas hay predilección por colocar estos días en los solsticios o equinoccios del año, como entre los pueblos celtas y mediterráneos, donde los días perdidos del año se celebraban al iniciarse el verano. Por último, hay quien sitúa estos cinco días durante la Semana Santa Católica, época en la confluyen antiguas pascuas y finales de años lunares.

Para unos, durante estos cinco días los demonios, las hadas, las brujas y hasta los muertos andan sueltos.

Esta tradición de conceder cinco días al año a las fuerzas del mal, a los instintos, a los difuntos, a los espíritus, a los demonios, las hadas o cualquier otro ser fantástico que no suele ser precisamente divino o santo, es universal, es decir, que se da en muchas culturas a lo largo y ancho del tiempo humano y del mundo entero.

Entre los aztecas, por ejemplo, hay un dios menor que protege cada 13 días del año, durante 22 signos cíclicos. Otras cinco etapas de 13 días son protegidas por dioses mayores, y finalmente quedan 14 días, de los cuales 9 son dedicados a Huitzilopochtli, el dios supremo, y los cinco restantes al recreo sin tiempo durante los cuales se pueden cometer todo tipo de excesos o celebraciones fuera de la religión tradicional. Estos días coincidían con el solsticio de invierno.

Entre los chinos hay 360 días de trabajo y cinco días de festejos al cumplirse el fin del año lunar y el comienzo del año nuevo.

Esa etapa sin ángeles protectores son para algunos días de caos, muerte y pecado, mientras que para otros son días santos, días de guardar y de hacer sacrificios. Para los egipcios y los mayas, por ejemplo, eran días de hacer holocaustos a los dioses, y de guardar como nunca las leyes.

Durante esos cinco días los seres humanos están expuestos a todo tipo de tentaciones, pero también a todo tipo de peligros, por eso, en muchas religiones esos días sin amparo han pasado a ser protectorado de un Santo, una Virgen o un Mesías, como en el caso del catolicismo, donde la Navidad, como representante de los últimos días del año, el solsticio de invierno y el holocausto anual como final de ciclo, ha quedado bajo el amparo de la figura de Cristo desde hace 2000 años.

De una o de otra manera los seres humanos han dado un sentido más lúdico y festivo a estos cinco días desiertos, que trágico en los últimos mil años, aunque, cada vez que se acerca un fin de milenio o un cambio de siglo, los temores del pasado vuelven y en más de una mente se concibe el fin de los tiempos o una etapa de caos.

Hay quien mira en estos cinco días una etapa de sano caos, ya que el orden que suponemos como humanos, en realidad es un caos para la naturaleza. Estos cinco días sin ángeles, o con ángeles menos atildados y menos comprometidos con las jerarquías, permiten un renacimiento en nuestros corazones, y es que, entre otras cosas, dentro de estos cinco días podemos entrar en contacto con nuestro personal Ángel de la Guarda sin demasiados esfuerzos.

La Jerarquía sin Jerarquía

A mí, personalmente, me gustaría una idea del Cielo y de los Ángeles menos jerárquica y mucho más libre de los lazos intelectuales, materiales y emocionales que nos dominan en la Tierra. Creo que la evolución del hombre, si la hay, no tiene por qué ser en línea recta y ascendente, en forma de escalera o piramidal.

Algunas escuelas orientales, como el Zen, defienden la teoría del centro interior, donde la espiral del karma no asciende ni baja, sino que se concentra en el mismo ser, en el aquí y el ahora, en el continuo espacio tiempo siempre presente y siempre latente. Algunas escuelas de Yoga también buscan ese mismo sentido de unificación interior, porque sin dicha unificación no se puede ser uno con el cosmos.

Las escuelas orientales defienden desde hace miles de años que la realidad no es más que una ilusión de los sentidos, mientras que la fantasía, incluso la más descabellada, es la verdadera realidad, porque todo está inscrito no en nuestra mente, sino en la posibilidad de ser y estar, o en la de solo ser, donde el estar sale sobrando, lo mismo que el ego, la personalidad, la memoria, las jerarquías y todo aquello que nos recuerde a esa ilusión que es la vida. Curiosamente, la física teórica moderna parece defender los mismos preceptos desde las teorías de la física cuántica y la relatividad del tiempo y el espacio: todo es un gran vacío donde apenas hay unas motas de materia, que son las mismas desde el principio de los tiempos, porque tampoco hay un principio ni un fin de acuerdo a las escalas de tiempo y espacio que utilizamos para medir nuestras vidas o la del universo.

Bajo estas premisas, entre científicas y filosóficas, las figuras de Dios y de los Ángeles no tienen por qué ser superiores o mejores que los seres humanos, con ser diferentes basta y sobra. Incluso podrían ser perfectamente inferiores a nosotros, más burdas y menos funcionales que el ingenio humano más sencillo, porque al fin y al cabo pasan por el filtro ilusorio de nuestra mente, y de una o de otra manera se someten a nuestras ideas, concepciones y abstracciones de lo que puede ser y de lo que no puede ser. De esta manera nosotros seríamos los verdaderos creadores del universo, de las jerarquías y de los dioses y ángeles que ponemos al mando de ellas, y no por un principio de orgullo, pretensión o altanería, sino simplemente porque la apreciación de las mismas parte de nosotros y vuelve a nosotros en forma de devoción, intuición y sensación.

El hombre puede liberarse de todo y de todos, menos de sí mismo, y por más egos personales que mate todo lo hará en base a su propio y último ego, porque aunque muera y renazca, se salve o se condene, haya algo o no haya nada en el más allá, nunca deja de ser.

Si tomamos la vía mística o religiosa, detrás de la muerte podemos encontrar miles de millones de universos, tan-

*«Y echándose debajo del enebro, [Elías] se quedó dormido;
y he aquí luego un ángel le tocó, y le dijo: Levántate, come»
(1 Reyes 19: 5).*

tos como creencias y seres humanos haya habido en el mundo desde el principio de los tiempos; pero también puede haber miles de millones de mundos después de la muerte siguiendo la línea atea, e incluso siguiendo la línea más materialista y pétrea, porque el ser humano podrá perder su memoria y sus características actuales, pero nunca dejará de ser, y todo simplemente porque está formado por moléculas, enlaces químicos y energéticos que está formado el universo entero desde que no había más que vacío y oscuridad, pasando por el famoso Big Bang, manifestación divina del móvil primario o como quiera llamársele, hasta nuestros días.

La primera tensión energética que dio lugar a la primera chispa de luz entre las tinieblas del universo, contenía exactamente lo mismo que tenemos en nuestra alma, nuestra mente, nuestro espíritu y nuestro cuerpo. Han habido miles de millones de transformaciones desde entonces, pero nada ha cambiado esencialmente. Durante todos estos miles de millones de años no se ha perdido ni una sola micra de la parte más pequeña de un átomo, por más que sea energía pura durante un tiempo o materia densa y sólida durante otra eternidad.

Por más complejo que sea el ser humano y el universo que habita, y por más dimensiones que hayan en uno y otro sentido, y por más realidades y verdades que puede haber más allá de la que creemos percibir, la esencia de todos y de todo sigue siendo y será siempre la misma, simplemente porque no hay otra.

Podemos pensar, creer o sentir que es de una o de otra manera, y podemos estar completamente equivocados o acertados en nuestras teorías o certezas, pero eso no impedirá que la esencia siga siendo la misma. Es posible que tengamos que subir al cielo a rendir cuentas, o que nos encontremos con una nueva forma de existencia menos castrense que la nuestra, o incluso que no encontremos nada que alimente o retribuya lo que esperamos encontrar, porque también existe la temida posibilidad de que no haya nada de nada tras el umbral que separa la muerte de la vida; también podríamos simplemente dejar de ser y de existir, mientras nuestro cuerpo se pudre, nuestros huesos se calcinan o nuestras vísceras van a parar al cuerpo de otra persona; podríamos incluso carecer perfectamente de alma y de espíritu, de ser y de trascendencia, pero nada de ello alteraría la esencia básica del todo, y todo seguiría siendo lo mismo, desde la energía de nuestra alma, de nuestra mente y de nuestro cuerpo, hasta la más absoluta nada, porque tanto la más absoluta nada como nuestro ser en cualquiera de sus formas, están hechas exactamente de lo mismo: de esa esencia básica permanente y eterna.

Así que no importa que los dioses nos hayan creado ni que nosotros hayamos creado a los dioses, porque tanto los dioses como nosotros somos, al fin y al cabo y en esencia, exactamente lo mismo, sin más distinciones ni jerarquías que las que imaginamos temporalmente.

El universo es el único sitio donde todos, absolutamente todos, tienen razón, tanto los dioses como los humanos, y tanto los creyentes como los descreídos. Y es que en el universo no hay imposibles y hay lugar para todo y para nada, porque la nada está llena a rebosar y el todo está completamente vacío, puro juego del Tao, capricho de los dioses o fantasía de los humanos.

El universo y las dimensiones pueden estar cargadas de vida inteligente, o carecer por completo de ellas. Los seres humanos podemos ser los únicos dentro del todo, o simples chispas intranscendentes perdidas en una mota de polvo arrastrada por una pequeña estrella en los confines de una galaxia perdida en el rincón más alejado del universo, o incluso podemos ser sólo la ilusión pasajera de un dios enloquecido o dormido, ya que de una o de otra manera carece de importancia lo que podamos ser o dejar de ser en mente, corazón, apariencia o espíritu, porque al final y al principio de todo somos parte de la esencia y la esencia misma, como lo son los dioses más grandes y poderosos, y como lo son las partículas más humildes y minúsculas.

Por tanto, cualquier cosa que aparentemente se aparte de la esencia básica y fundamental, no es más que el fruto de la imaginación o de la percepción de alguien, ya sea dios, ser, hombre, animal o cosa, y tanto valor tiene un ángel, como un demonio, o un dios trascendental e inconcebible como una roca.

Pero ya que estamos en la tarea de concebir e imaginar, prefiero imaginar, percibir y presentir un mundo espiritual sin escalafones, donde los ángeles y los dioses son nuestros hermanos, y no nuestros señores.

VI

EL ÁNGEL DE LA GUARDA
AMIGO, COMPAÑERO Y GUÍA

*Para estar con alguien más,
antes hay que aprender
a estar con uno mismo.*

Cuando se habla del Ángel de la Guarda se piensa inmediatamente en el mundo infantil, como si sólo los niños tuvieran necesidad de tener un ser espiritual que los proteja de los males de este mundo cuando sus padres no pueden hacerlo.

Suponemos que a medida que vamos madurando dejamos de necesitar protección, y nos exigimos, sobre todo el género masculino, una seguridad personal a prueba de toda duda o debilidad.

Nuestra tendencia natural nos empuja a ser mejores, más buenos, más sanos, más ricos y más fuertes, y aunque sea sólo como un sueño o una quimera, nos vemos a nosotros mismos en lo más alto, porque todos queremos encontrar nuestro lugar en este mundo y ser reconocidos y estimados en nuestro ambiente. Incluso el tímido y el cobarde quieren ser reconocidos y tener su lugar. Todos quieren triunfar a su modo, y cuando los tópicos sociales, morales y económicos no se pueden cumplir, se buscan otros derroteros. Pero como de momento nadie puede tenerlo absolutamente todo, seguimos necesitando de algo más.

Quien carece de mucho a menudo tiene más oportunidades de progresar que quien casi no carece de nada. Si uno nace pobre, puede tener la ilusión de la riqueza, pero quien nace rico tiene que buscar su ilusión en otro registro de la vida. Y quien tiene o cree tener absolutamente de todo, puede carecer de la certeza de la vida eterna o incluso del sentido de la vida.

Todo mundo puede deprimirse, de la misma manera que todo el mundo puede coger un resfriado, pero curiosamente los que creen que lo tienen todo son los que más fácilmente caen en un vacío existencial.

Más de un triunfador se siente completamente perdido cuando ha acumulado toda clase de riquezas y triunfos, porque al llegar a la meta empiezan a perder interés, fuelle, ilusión. Y no son pocos los que sufren más cuando triunfan que cuando fracasan, porque del fracaso se pueden reponer, pero del triunfo no, porque la certeza de la muerte, a pesar de haberlo conseguido todo, descorazona.

Para alguien que tiene dinero, amor, posesiones, fama, prestigio y todo lo que pueda necesitar de este mundo, sólo le queda temer la envidia o el robo de los que no han sido tan afortunados, la competencia desleal de los que se encuentran en su nivel pero quieren superarle, y la terrible certeza de que a pesar de todas sus glorias y sus riquezas morirá como el más pobre e infeliz de los hombres. Y de nada le sirven las promesas de un próximo mundo espiritual mejor que el nuestro, porque al morir, haya o no haya una existencia más allá de esta vida, lo perderá todo igualmente: no se llevará nada de este mundo al próximo.

Por eso los jerarcas y guerreros del pasado se hacían enterrar con sus joyas y sus armas, o incluso con su mascota preferida, sus esclavos y sus mujeres, en un último intento por llegar al más allá bien provistos de lo que habían conquistado en este mundo.

La muerte, gran motor de creencias y religiones, nos espera a todos por igual, ricos y pobres, inteligentes o tontos, triunfadores o fracasados. Es posible que el ser humano, apoyado en la ciencia, llegue a vivir tantos años como su estructura molecular se lo permita, engañando al envejecimiento y venciendo a las enfermedades, pero seguirá siendo mortal y susceptible de destrucción y de accidentes, con lo que el temor a trasponer el umbral seguirá presente. Por eso a veces ni siquiera el misticismo ni la espiritualidad son suficientes para tranquilizar el alma de quien sabe que tarde o temprano dejará este mundo y se enfrentará, no nos engañemos, a lo desconocido.

Por eso es que la humanidad invierte tanto tiempo y energía en buscar el conocimiento de lo que hay más allá de la muerte física, porque en el fondo y ante este aspecto de la existencia todos seguimos siendo niños llenos de dudas y temores, y muy necesitados de guía, apoyo y protección, y ahí es donde entra, precisamente, nuestro Ángel de la Guarda.

Cuando somos jóvenes ansiamos ser adultos, luego el tiempo pasa y durante unos cuantos años nos sentimos en realidad adultos, mirando con cierta lejanía la infancia y con mucho recelo el porvenir.

En ese punto de la vida que se alcanza actualmente sobre los 30 años de edad, todo lo que esté por debajo de nosotros nos parece cosa de niños y todo lo que esté por encima cosa de viejos.

Y lo pensamos de esta manera porque nos sentimos en el punto cumbre de nuestra vida, poderosos y capaces de hacer lo que nos venga en gana, y miramos al mundo infantil como un pozo de inexperiencia y a la vejez como un pozo de debilidad y decadencia.

Quién necesita un Ángel de la Guarda cuando está en plenitud de facultades, nos preguntamos, porque consideramos que sólo los inexpertos y los débiles necesitan de esas muletas mágicas para seguir avanzando por la vida.

Por supuesto, también decimos que eso es cosa de mujeres, porque relacionamos al elemento femenino con la debilidad y la inexperiencia, con la ignorancia y la inocencia.

Pero de una o de otra manera, pensemos lo que pensemos y creamos lo que creamos, nuestro Ángel de la Guarda sigue ahí, a nuestro lado, con nosotros todo el tiempo, como un amigo paciente e inseparable que no nos toma en cuenta nuestros errores ni nuestra indiferencia.

A nuestro Ángel de la Guarda no le importa si lo negamos o no, si le hablamos o lo dejamos de lado, si lo ponde-

«Y el ángel me respondió [cuenta Josué] y me dijo:
Estos son los cuatro vientos de los cielos…»
(Zacarías 6: 5)

ramos o lo ignoramos, si creemos en él o lo despreciamos, porque no depende de nuestras creencias.

No importa la religión que tengamos, ni si somos ateos o místicos, porque nuestro Ángel de la Guarda es un ser independiente a nuestra devoción, inteligencia, raciocinio o veleidad mental.

Tampoco es necesario que lo sintamos con el corazón, porque también es independiente a nuestros sentimientos y emociones.

Nuestro Ángel de la Guarda está a nuestro lado cuando nos sentimos fuertes y maduros, de la misma manera que lo está cuando nos sentimos débiles, asustados o solos.

Está con nosotros en los momentos felices y en los momentos difíciles, en la tristeza y el triunfo, en el fracaso y en el amor, porque está siempre a nuestro lado, durante todos los segundos de nuestra estancia en esta Tierra.

A veces se aparece en un momento determinado, para guiarnos, ayudarnos o protegernos, pero su misión no es la de estar apareciéndose a cada momento, porque, en cierta manera, no tiene por qué hacerlo.

Acostumbrados como estamos a ver en las figuras mágicas y religiosas a seres fabulosos que no tienen otra cosa qué hacer que preocuparse de nosotros y de nuestras obsesiones, necesidades o deseos mundanos, la idea del Ángel de la Guarda, tan presente e independiente a la vez, se nos escapa fácilmente de la cabeza.

El ser humano cree que la naturaleza, los dioses, los ángeles, los santos, los profetas, las vírgenes, las hadas y los duendes están a su servicio, listos para satisfacer nuestras necesidades y nuestro ego, por eso se le hace muy difícil entender que haya un ser tan cercano y tan lejano a la vez como el Ángel de la Guarda.

Los cuerpos del hombre

El ser humano es un ser complejo que guarda dentro y fuera de sí miles de reflejos, cientos de realidades y unos cuantos cuerpos.

La fórmula más tradicional es la de pensar que el hombre tiene tres cuerpos:

Físico.
Mental.
Y espiritual.

El físico es el material y orgánico, el mental es básicamente el cerebro y su capacidad de inventar, interpretar y percibir, y el espiritual..., el espiritual es todo un misterio que por más que queramos enfocar en un estado superior termina la mayor de las veces enfocado en el cuerpo mental y sustentado por el cuerpo físico.

De cualquier manera, se podría decir que nuestro cuerpo espiritual el que nos trasciende en la vida, en el tiempo y el espacio, y el que regresa, tarde o temprano, a la luz celestial que lo ha creado.

Hay otras definiciones que señalan al cuerpo humano dividido en cuatro secciones:

Cuerpo.
Mente.
Alma.
Espíritu.

El cuerpo sigue siendo la parte orgánica; la mente la parte intelectual; el espíritu el que trasciende; y el alma, que tan a menudo se confunde con el espíritu, representa las emociones, los sentimientos, la devoción y hasta el impulso vital que nos mantiene o nos trae a esta vida.

Pero como el ser humano es un ser complejo, las divisiones de su ser no terminan aquí. Observemos este otro punto de vista:

Cuerpo físico.
Cuerpo mental.
Cuerpo astral.

En este orden de ideas el cuerpo físico es el hogar de los otros dos cuerpos, el templo que debemos cuidar, preparar y desarrollar para que los otros dos cuerpos sean sanos y se encuentren bien.

En el cuerpo mental se encuentra todo lo que pensamos, sentimos, intuimos, creemos, analizamos, comparamos, etc., porque en este cuerpo se asientan el alma y el espíritu, que se sustentan de la mente y desde ella se lanzan como una flecha es impulsada por el arco.

El cuerpo mental concibe, inventa, concreta y crea constantemente. El cuerpo mental es el que interpreta los símbolos ocultos y la realidad directa, porque es el que descubre los misterios de lo inmediato y los misterios de lo alejado.

El cuerpo mental es el filtro por donde pasan todas las informaciones, tanto las materiales como las espirituales, las sensibles y las anímicas.

En el cuerpo mental se encuentra la psique, el consciente y el subconsciente, porque el cuerpo mental es el que tiene poder de abstracción, análisis y concepto.

En esta vida y en el presente, el cuerpo mental es el más importante, porque al tiempo que sueña con lo imposible crea todo un mundo palpable a su alrededor, y a través de él descubrimos lo que es nuestro cuerpo, nuestra alma, nuestro espíritu y el universo que nos rodea.

El cuerpo mental es el que da la salud y la enfermedad, la inteligencia y la torpeza, las sensaciones de triunfo y de fracaso, y la capacidad de aprender y de olvidar.

El cuerpo mental es la herramienta más compleja del universo, que tan pronto concibe el espíritu y lo eterno, como inventa un ingenio práctico y funcional.

El cuerpo mental es más perfecto que los seres humanos que lo cargamos sobre nuestras cabezas y lo dejamos extenderse por todo nuestro cuerpo y por todo nuestro espíritu. Y es más perfecto, porque a pesar de sus múltiples capacidades y potencialidad, la mayoría de las veces lo utilizamos sólo para filtrar la información que nos viene de fuera.

Del cuerpo mental apenas si conocemos un mínimo porcentaje, apenas si somos conscientes de su presencia y de su existencia, y, en múltiples aspectos, es independiente a nosotros.

Nuestro cuerpo mental nos rebasa por mucho, por muy nuestro que sea, porque apenas si lo conocemos, y mientras él va y viene, nosotros apenas si nos damos cuenta de nuestra realidad más inminente.

Nuestro consciente y las percepciones inmediatas que tenemos de nuestra realidad circundante, son sólo una milésima parte de lo que hace y realiza nuestro cuerpo mental, porque mientras nosotros nos damos cuenta de un par de cosas y convertimos en débil y parcial memoria comparativa nuestra realidad, él realiza millones de funciones que ni siquiera imaginamos.

Los seres humanos somos un puro y duro cuerpo material y orgánico con unas cuantas chispas de cuerpo mental, mientras que nuestro cuerpo mental, incluso el que está destinado única y exclusivamente a ser terminales nerviosas y cerebro, realiza un trabajo que apenas si somos capaces de intuir.

El cuerpo espiritual, conectado con el cuerpo mental a espaldas nuestras, apenas si lo podemos entender y concebir, porque el cuerpo espiritual va más allá de lo que consideramos fantasía o realidad, y se mueve por zonas y dimensiones que ni siquiera imaginamos.

Ese cuerpo espiritual lleva una vida que no alcanzamos a concebir, una vida completamente independiente a la nuestra, deseoso de liberarse de las ataduras que lo unen a nosotros, seguramente desesperado por nuestras múltiples limitaciones.

El cuerpo espiritual sólo se manifiesta en un estado alterado de conciencia, y dicho estado puede nacer de una inteligencia elevada, de la meditación, de la tragedia o de la droga.

No hay religión ni cultura que no hable del desprendimiento astral, del viaje de ese cuerpo espiritual y etérico que todos tenemos, y que muchos señalan como nuestro verdadero espíritu y como nuestro verdadero ser.

A este cuerpo espiritual es al que las religiones llaman alma o espíritu, el que se desprende de los otros cuerpos cuando llega el momento de la muerte, el que se libera de las ataduras físicas, emocionales y mentales de nuestra vida, o de esa memoria egoica que nosotros llamamos vida.

También se le ha señalado como el lazo entre la vida física y la vida divina o espiritual, por eso cuando una persona tiene una experiencia astral se asusta, ya que dicha experiencia es muy parecida a la experiencia de la muerte.

Y no falta, por supuesto, quien señale al cuerpo astral o espiritual como ese ángel que nos acompaña siempre, ese ser de luz que nos da la vida, la sensibilidad y hasta la inteligencia.

Pero si bien el cuerpo astral y nuestro Ángel de la Guarda pueden tener una comunicación directa, no son el mismo ser, porque si bien es cierto que nuestro cuerpo espiritual es el más elevado que tenemos (y también el menos conforme con tener que acercarse a la vida física), también es cierto que el Ángel de la Guarda está destinado a cuidar de nuestro yo inferior, el más apegado a la tierra y sus lazos emocionales, que a entenderse con nuestro cuerpo espiritual.

Y si ya nos cuesta entender a nuestro cerebro y concebir a nuestro cuerpo mental, cuando llegamos a hablar de nuestro cuerpo espiritual apenas si intuimos que sabemos de lo que estamos hablando.

Nuestro Yo Superior, o cuerpo espiritual, tiene su propia vida y existencia completamente independiente de nosotros, y sólo espera el momento de la liberación, que es el mismo momento de la iluminación, su iluminación que quizás algún día también será la nuestra.

Para poner un ejemplo cercano que nos haga entender la posición del cuerpo espiritual con respecto a nosotros, tenemos que imaginarnos a nosotros mismos atrapados en un cuerpo torpe y acartonado, al que le costara decir una sola palabra, y que tuviera que alimentarse de cosas asquerosas y repugnantes para poder seguir adelante. Imagínese que usted, de buenas a primeras, se ve obligado a moverse por un mundo plano, seco, doloroso, torpe y aburrido, donde no recibe más que castigos y es tratado como una inmundicia, a pesar de que usted sabe que es un ser humano que puede pensar, moverse, hablar, crear y sentir amor y placer. Pues lo mismo le sucede a nuestro cuerpo espiritual con nosotros, que somos su prisión y su atadura, el plomo denso y pesado que no le dejamos vivir y ser quien en realidad es.

Espíritus y fantasmas

La complejidad de seres internos y externos que conforman al ser humano puede ser una larga lista, y si bien para los egipcios el ser humano contaba con siete cuerpos, para los espiritualistas y nigrománticos mexicanos del siglo pasado el ser humano se podía dividir en tantos fantasmas como fuera creando a lo largo de su vida.

En esta línea de pensamiento el ser humano no era más que un solo ser, integrado en sí mismo por el cuerpo, la mente y el alma, un espíritu que se revestía de materia orgánica, inteligencia y alma para poder deambular por este mundo. Cuando el ser humano moría, se separaba de la materia y de la mente, y durante un ciclo solar completo se dedicaba a «recoger» su vida junto a su alma, con el fin de liberarse de los lazos emocionales, racionales, materiales y sentimentales que lo unían a este mundo.

Una vez que recogía su vida para no mantenerse atado a este mundo por nada, el espíritu, ese ser divino que todos llevamos dentro, se elevaba al Cielo y desde ahí decidía si quería volver a reencarnarse o si se quedaba al lado de Dios, mientras que su alma, que lo había acompañado hasta el último momento, podía quedarse en la Tierra para velar por los suyos, cumplir una promesa o cuidar de un caudal.

Si el alma decidía quedarse cuando el espíritu ascendía al Cielo, ésta se convertía en un fantasma o en un ser fantasmal capaz de hablar, pensar y hasta sentir emociones humanas. Este fantasma anímico se parece mucho al *ka* o doble etérico de los egipcios, que se quedaba en la Tierra a cuidar de la tumba, la familia y los bienes del fallecido, mientras su verdadero espíritu hacía el viaje por el Mundo Interior hasta los Campos Elíseos o Paraíso Celestial de los egipcios.

Para los nigromantes mexicanos el alma fantasmal con capacidad de movimientos, pensamientos y hasta sentimientos, era sólo uno de los fantasmas que el ser humano iba creando a lo largo de su vida, ya que todos nosotros, cada vez que pecamos, nos llenamos de ira, sufrimos una gran desgracia o alimentamos un gran deseo o un gran placer, vamos creando fantasmas a nuestro lado; fantasmas que se quedan impregnados en paredes, ropas, casas, vehículos, animales e incluso personas.

Estos fantasmas que nacen de nuestras locuras y ansiedades, como ectoplasmas o impresiones nitrogenadas, son muy diferentes al fantasma que nace del alma, porque, a diferencia de éste, no piensan ni sienten, ni saben lo que dicen, sólo se repiten a sí mismos hasta el infinito o hasta que se desgasten y desaparezcan para siempre sin dejar el menor rastro.

El fantasma del alma se conserva exactamente igual que la persona que fallece, y generalmente se queda apegado a este mundo hasta que cree cumplida su misión, como cuidar a sus hijos, acompañar a su pareja viuda, hacer que llegue su herencia a uno de los suyos, evitar que derrumben su casa, etcétera, etcétera.

Es decir, que puede quedarse deambulando por aquí durante varios años, tanto como lo requiera su misión o el lazo sentimental o emocional que lo ata a esta Tierra, para desaparecer finalmente. A menudo desaparece de golpe aunque no haya cumplido su misión, porque su espíritu esencial ha decidido reencarnarse y lo reclama para una nueva experiencia vital.

Los que se quedan más tiempo en esta Tierra, a veces hasta cientos de años, son los fantasmas nacidos de nuestras rabietas y de nuestras angustias, de nuestros dolores o de nuestras tristezas, porque estos fantasmas en realidad no están vivos ni muertos, sólo son una especie de película que se queda adherida a un lugar o a una persona en concreto.

Estos fantasmas se conservan muy bien en las casas viejas, oscuras y húmedas, en cementerios y bosques lúgubres, en sitios sucios y abandonados, y hasta en personas demasiado sensibles y poco centradas, y si bien pueden resultar muy molestos y hasta hacer verdaderas maldades, en realidad no tienen fuerza ni saben hacer otra cosa que repetir las mismas tonterías que han repetido siempre.

Es más, dichos fantasmas pueden aparecer cuando la persona aún está viva y darnos un susto de muerte cuando en realidad no tienen nada qué ver con ella.

De esta manera, el ser humano puede tener tantos cuerpos como odios y tragedias haya padecido en la vida, y puede convivir con sus propios demonios y fantasmas, atado a ellos con el lazo de los sufrimientos, de la envidia o de la rabia.

Pero también puede tener tantos cuerpos como deseos y ambiciones tenga, porque creará fantasmas de anhelos e ilusiones; y hasta tantos cuerpos como grandes placeres haya disfrutado, sobre todo si los placeres son prohibidos o mal vistos por su entorno, porque nada aumenta el fantasma del placer como lo prohibido.

La psicología le ha puesto nombre oficial a muchas de las cosas que los magos del pasado consideraban cosas del alma, pero aunque le haya quitado hierro al asunto al hacerlo más científico, la gente no deja de crear sus propios fantasmas ni de extender sus cuerpos a lo largo y ancho de su vida.

Tantos cuerpos como se desee

Si sumamos los diversos cuerpos que unos y otros señalan, podríamos encontrarnos con una lista como la siguiente, que puede ir de mayor a menor, de menor a mayor, desde el centro hacia afuera, y desde afuera hacia el centro:

Cuerpo material.
Cuerpo orgánico o biótico.
Cuerpo emocional.
Cuerpo racional.
Cuerpo mental imaginativo y creativo.
Cuerpo mental de concreción.
Cuerpo mental comunicativo.
Cuerpo espiritual presente.
Alma que sustenta la vida.
Alma que sustenta la existencia.
Espíritu de manifestación.
Espíritu de trascendencia.
Cuerpo astral.
Cuerpo áurico o energético.
Cuerpo sensible.
Fantasma o fantasmas.
Doble etérico.
Cuerpo esencial, filamento o chispa divina.
Ser unido a la línea de la existencia.

Incluso se podría considerar al ser humano un compuesto de diversos órganos y seres independientes, si tomamos en cuenta las células y los tejidos de que se compone, así como a las bacterias, virus y demás microorganismos que viven en su interior y que no dejan de ser seres independientes con su propia existencia, evolución y desarrollo.

El Ángel de la Guarda y los diversos cuerpos

Pero dónde encaja el Ángel de la Guarda con respecto a todo lo que envuelve y compone al ser humano, tanto en el aspecto físico como en los aspectos intelectual y espiritual.

¿Dónde está, dónde o cómo podemos colocarlo?

Hay quien lo señala como nuestro Yo Superior, como el Padre en nuestros roles psicológicos, o como nuestro Cuerpo Astral, es decir, nuestro Ser o Yo Espiritual, basándose en la idea de que también nosotros algún día seremos ángeles.

Pero aún no lo somos, y antes de llegar a serlo tendríamos que tener conciencia de la unión y armonía de nuestros cuerpos físico, mental y espiritual, ya no para ser ángeles, sino simplemente para ser seres humanos íntegros y completos en esta Tierra.

El Buda dijo que la iluminación puede llegarle a cualquiera aunque no medite ni haga sacrificios espirituales o personales, y los maestros de Zen dicen lo mismo, e incluso van un poco más allá y practican el golpe de bastón sobre la parte trasera del hombro izquierdo como vía de elevación.

Carlos Castaneda, como los monjes Zen, sitúa el punto de encaje o centro del equilibrio y la unión entre cuerpo, mente y espíritu, en esas misma zona, y hace que su personaje de don Juan le golpee, con una simple palmada y no con un bastonazo, en dicho punto para que él pueda tener un desprendimiento astral y adquirir la visión del águila, es decir, la visión del cuerpo astral en pleno y libre vuelo.

El famoso punto de encaje o punto de iluminación, no es más que el reflejo de una glándula llamada timo que los hindúes señalaban con mucha exactitud como la fuente reguladora de los movimientos del corazón. En ese punto sentimos la taquicardia, y es el que más se excita cuando intentamos o logramos hacer un viaje astral, lo que resulta molesto y hasta peligroso para mucha gente.

En un viaje astral es muy posible que podamos ver a nuestro Ángel de la Guarda, y comprobar que es un compañero de viaje, un amigo que nos protege de otros seres menos amigables y hasta un guía que nos señala las posibilidades del destino de nuestra vida, pero que no tiene nada qué ver ni con nuestra mente ni con nuestro espíritu y mucho menos con nuestro cuerpo, es decir, que es un ser de luz completamente independiente, con más capacidad de entrega y sacrificio hacia nosotros que nosotros mismos. Es decir, que nuestro Ángel de la Guarda es más firme y constante que nuestro espíritu y que nuestro cerebro, y que si bien nosotros somos perfectamente capaces de engañarnos y de traicionarnos a nosotros mismos de muchas formas y en muchos niveles, él no lo haría nunca.

Nuestro espíritu puede alejarse de nuestro cuerpo y de nuestra mente, y nuestra mente puede alejarse del espíritu y del cuerpo sin problemas; incluso nuestro cuerpo físico puede hacer un esfuerzo para desconectarse de lo que piensa el cerebro y de lo que siente el espíritu, mientras que nuestro Ángel de la Guarda se mantiene firme, de una sola pieza, coherente con nosotros y con él mismo, sin traicionarse a sí mismo y sin abandonarnos ni un solo momento.

Nuestro Ángel de la Guarda nos ama y nos comprende, aunque no comparte ni nuestros sueños ni nuestras ansiedades. Nos ve caer y tropezar, ascender y trepar, luchar y darnos por vencidos, sin perder los nervios y sin salirse de su papel, cumpliendo con su misión a pesar de que nosotros mismos nos neguemos a hacerlo.

Ángel de la Guarda y proyección astral

Quiero dejar bien claro que nuestro Ángel de la Guarda no es nuestro cuerpo astral ni nuestro Yo Superior. Es más, y los que dominan las técnicas de la proyección mental y la proyección astral lo saben, nuestro Ángel de la Guarda no aparece cuando realizamos estas técnicas.

Ni siquiera en la meditación trascendental, en el retiro espiritual o en la transposición ascética aparece su figura.

El Ángel de la Guarda no aparece ni siquiera en los ejercicios hipnóticos de regresión, ni en otros estados de sugestión, catarsis, trance, ensoñación o hipnotismo.

Por supuesto, podemos hacer un ejercicio de proyección mental y recrearnos en su figura imaginaria, pero sólo será eso, una imagen inventada por nuestro cerebro y no la verdadera apariencia y mucho menos el ser de nuestro Ángel de la Guarda.

Cuando realizamos un viaje astral podemos acceder a los túneles oscuros, y a través de ellos llegar a las Puertas del Cielo, e incluso podemos llegar a ver seres divinos, ángeles con trompetas o al famoso Guardián Azul, pero nuestro Ángel de la Guarda permanecerá ausente en estas experiencias.

Lo que sí es posible, una vez que hemos encontrado de manera natural a nuestro Ángel de la Guarda, que éste nos acompañe en diversas experiencias, pero si no lo hemos encontrado antes, simplemente no lo veremos por alcanzar o provocar un estado alterado de conciencia.

Por supuesto, el uso de psicotrópicos, lo mismo que el viaje astral, nos puede permitir ver otras realidades y acceder a otras dimensiones, pero no nos llevará al lugar donde se encuentra nuestro Ángel de la Guarda.

Donde sí lo podemos ver y oír, y sólo en contadas ocasiones, es cuando entramos en estado de vigilia, en el momento justo que precede al sueño, en esa zona entre el atardecer y la caída de la noche, cuando cerramos el telón de la vida cotidiana y abrimos la puerta de los sueños. Sí, lo podemos ver en ese preciso instante, pero su figura pronto se desvanecerá.

En este estado entre el dormir y el despertar, es más fácil ver hadas y elfos, duendes y gnomos, y muchos otros seres fantásticos, que a nuestro Ángel de la Guarda.

Ángel de la Guarda y magia

Tampoco se tiene acceso al Ángel de la Guarda haciendo rituales mágicos, invocaciones, misas o cosas por el estilo.

Con un ritual mágico movemos otras fuerzas, mucho más terrestres y elementales de lo que nos pensamos, que no tienen nada qué ver con nuestro Ángel de la Guarda.

Cuando invocamos seres de otras dimensiones, desencarnados, fantasmas, dioses o ángeles, lo que en realidad llegamos a atraer son seres elementales, es decir, seres débiles que se dejan mandar e influir por el mago. A veces puede acercarse a la invocación un ángel o un demonio, un fantasma o un ser de otra dimensión y hasta una figura religiosa, que puede ayudarnos o no a conseguir nuestros deseos, pero no a nuestro Ángel de la Guarda.

Los rituales mágicos no son sólo los que hacen los magos o las brujas en lugares apartados y delante de grupos reducidos, porque también lo son los que realizan cada sábado o domingo los curas, sacerdotes, rabinos, pastores y hasta políticos y directores de empresa cuando convocan a sus seguidores y les piden una fe o una entrega que va más allá de lo habitual y lo físico.

Nuestro Ángel de la Guarda no responde ni a los rituales grupales ni a los individuales, entre otras cosas, porque él no requiere de nuestra fe, devoción o solicitud para existir, y su misión tampoco está relacionada con interceder por nosotros delante de los dioses, y mucho menos cumplir nuestros deseos. Ya existen muchas otras fuerzas mágicas y religiosas que se encargan de estos asuntos.

¿Entonces qué es o quién es nuestro Ángel de la Guarda?

Nuestro Ángel de la Guarda es un ser de luz independiente que tiene vida y existencia propia, que nos acompaña, por entrega y bondad, desde que nacemos hasta que morimos.

Según los textos cabalísticos puede acompañarnos desde nuestra formación en el útero, es decir, desde el momento en que el feto se convierte en un verdadero ser y no sólo en un proyecto biológico.

Esto sucede más o menos al décimo cuarto día de gestación, según unos, o a los tres meses lunares (84 días aproximadamente), según otros.

Por eso para muchas religiones es tan importante no abortar, pero mientras unas dan sólo 14 días para hacerlo sin cometer asesinato sobre el nuevo ser, otras señalan los tres meses lunares o las dos primeras faltas de menstruación, para llevar a cabo la anulación del embarazo.

La religión católica, por ejemplo, no acepta el aborto ni a los tres días de embarazo, porque considera que la iluminación del ser y la presencia del Ángel de la Guarda se produce en el mismo instante en que el espermatozoide se funde con el óvulo, es decir, en el mismo instante de la concepción, y atentar contra este producto sagrado es un asesinato y un pecado desde el primer momento.

Como todo esto son teorías que no se pueden demostrar científica ni racionalmente, también hay quien señala la presencia del Ángel de la Guarda justo en el momento en que el niño nace, cuando ve la luz por primera vez.

Para los natalistas, es decir, para los que creen que el Ángel de la Guarda se persona justo en el momento del nacimiento, el papel de ángel guardián recae en uno de los 72 nombres de Dios, argumentando que dichos ángeles tienen el don de la ubicuidad y que pueden atender y cuidar a tantos seres humanos como nazcan en los cinco grados de zodíaco que le corresponden.

Según esta teoría, un sólo ángel puede ser el ángel guardián de millones de seres humanos, ya que cada año en su sector del zodíaco vuelven a nacer unos cuantos cientos de miles más que quedarán bajo su amparo.

Según mi propia experiencia, todos y cada uno de nosotros tenemos un personal Ángel de la Guarda que se ocupa de su vida y de la nuestra, y que no compartimos con nada ni con nadie.

Nuestro Ángel de la Guarda tiene nombre propio y personalidad propia, y nos acompaña desde el momento de nuestro nacimiento hasta nuestra muerte, y su función básica es acompañarnos, ayudarnos a que no nos desviemos de nuestro destino y protegernos de fuerzas externas y hasta de nosotros mismos para que cumplamos nuestro ciclo, ya que también estará presente a la hora de nuestra muerte, y si nadie viene a recogernos para llevarnos hacia la luz, él nos orientará en nuestros primeros pasos en el más allá.

Como la mayoría de nosotros no lo conocemos, no sabemos su nombre ni le hemos visto la cara nunca (y si lo hemos hecho muchas veces nos olvidamos de él y de su presencia), a veces se reviste con la figura de alguien conocido o querido, o adopta el aspecto de una figura religiosa que nos merez-

ca confianza. Pero no siempre es así, y a menudo el fallecido le teme y hasta quiere ahuyentarlo.

Si no hemos cumplido con nuestro destino, ya sea debido a un accidente o a un suicidio, apenas si lo veremos y lo
más seguro es que volvamos a reencarnarnos, a veces en la
misma vida y en el mismo tiempo, para que volvamos a inten-
tarlo.

Nuestro Ángel de la Guarda está con nosotros a cada
momento, pero ni juzga nuestros actos ni intenta que seamos mejores, ni más inteligentes ni más buenos, simplemente
nos acompaña e intenta evitar que nos desviemos de nuestro propio camino.

El Ángel de la Guarda no impide el libre albedrío, es
decir, nos deja hacer lo que nos dé la gana y recorrer todos
los senderos que queramos. De vez en cuando nos puede dar
un consejo, en vivo o en sueños, inspirarnos para que con-
virtamos en realidad nuestros deseos, o advertirnos de algún
peligro inminente o de un accidente al que nos abocamos
y que puede interrumpir la línea de nuestro destino.

¿Qué es el destino?

El destino es una línea recta en la confluyen tres o cuatro
puntos importantes para nuestra vida en la Tierra.

Esa línea recta se cumple en el espacio y en el tiempo
hagamos lo que hagamos, triunfemos o fracasemos, porque
consiste básicamente en el tiempo y el espacio de nuestro
nacimiento, y en el espacio y el tiempo de nuestra muerte.

Puede haber dos o tres puntos más de confluencia entre nuestra línea vital y lo que realmente hacemos en la vida, como puede ser una gran alegría o una gran pena, el conocer a alguna persona o el lograr algo concreto, pero también puede ser sólo un hecho simbólico, como beber un vaso de agua o decir que no a algo que normalmente diríamos que sí.

Podemos cumplir nuestro destino siendo listos y buenos o siendo aviesos y malvados, porque las leyes divinas no tienen nada qué ver con las leyes de los hombres, y por la misma razón lo podemos cumplir siendo ricos o pobres, triunfadores o perdedores, porque los triunfos y las derrotas terrestres no tienen nada en común con las celestiales.

Por eso, hagamos lo que hagamos y nos portemos como nos portemos, nuestro Ángel de la Guarda se mantiene a nuestro lado desde el principio hasta el fin. Y es que para alcanzar el cielo o la iluminación no hay que hacer otra cosa que lo que debemos hacer.

Una leyenda dice que el Buda, que después de varias encarnaciones de perfeccionamiento, meditación y frugalidad alcanzó el Nirvana. Durante esas vidas y encarnaciones, y mientras él permanecía sacrificado y recluido en el monasterio, conoció reyes déspotas y crueles, asesinos terribles, violadores de espanto y toda clase de personas más o menos de alta o de baja ralea.

Cuando por fin entró en el Nirvana, con una sonrisa en los beatíficos labios, se dio de bruces con uno de aquellos reyes malvados, con un violador, con un ladrón y hasta con un campesino zafio, sucio e ignorante, todos ellos disfrutando de la iluminación y el Nirvana antes que él, que se había dedicado en cuerpo y alma a la Gran Luz Universal.

Se presentó ante la Gran Luz Universal, y con lágrimas celestiales en sus sagrados ojos preguntó que por qué aquellos seres inmundos habían recibido la gracia.

La Gran Luz Universal lo vio con cierta extrañeza, lo convino para que recuperara la paz y la alegría, y le dijo que aquellos seres estaban ahí simplemente porque habían hecho lo mismo que él: cumplir con su destino.

El bien y el mal radican en nuestra conciencia y en nuestro corazón. Interiormente sabemos lo que hacemos bien y lo que hacemos mal. Podemos justificar nuestras malas acciones, pero no podemos engañarnos.

La frontera entre el bien y el mal es muy endeble, pero tanto las leyes humanas como la economía social nos imponen un comportamiento lo más correcto posible para poder convivir con los demás.

No basta con que consideremos bueno sólo aquello que nos satisface, nos complace y favorece, y malo aquello que no nos gusta o atenta contra nuestros intereses, porque en el fondo de nuestro corazón sabemos perfectamente cuándo es la envidia, el egoísmo o el bien común lo que nos mueve. Así que no basta con creerse bueno y portarse bien para ganarse el cielo, y no será nuestro Ángel de la Guarda quien nos lleve por este derrotero. Hay que elevar la conciencia y aprender de nuestros errores, para no juzgar en vano la paja en el ojo ajeno.

Además, contamos con el más hermoso de los milagros, y hasta quizás el único y verdadero: la vida, y mientras estemos vivos a ella nos debemos.

Romperla o interrumpirla, como en el caso del aborto, del asesinato o del suicidio, no sirve absolutamente para nada, porque el espíritu tiene que volver a encarnarse para continuar con la línea de su destino desde el principio hasta el final, porque ha de cumplir una misión ineludible: vivir la vida, porque solamente viviendo la vida se puede alcanzar nuevamente la gloria de los cielos, y para eso están aquí los ángeles guardianes, para que vivamos nuestro destino entero.

VII

CÓMO LLAMAR A TU ÁNGEL
DE LA GUARDA

Hay ojos que ven sin luz
y palabras que nacen sin boca;
porque hay más que ver y que oír
más allá de la última ola.

A diferencia de otras experiencias místicas, esotéricas, mágicas o religiosas, el contacto con nuestro Ángel de la Guarda no requiere de sabiduría, inteligencia, razonamiento, fe, creencia, pasión, devoción, sensibilidad, intuición, don, gracia, visión, habilidad, jerarquía, preparación, sacrificio o entrega.

Tampoco hay que ser especialmente santo, bueno, elevado, elegido, especial ni nada que se le parezca.

Por eso, cuando escucho por ahí que la humanidad está en decadencia, o que hay hombres tan malos que es imposible que tengan alma, o que se están perdiendo los valores, y que sólo serán unos cuantos los que van a salvarse del final de los tiempos, del Apocalipsis o de cualquier otra amenaza espacial o divina, recuerdo que hasta las piedras tienen alma y que hasta las bacterias son merecedoras de salvación eterna.

¿Quién carece de Ángel de la Guarda?

Cuentan las leyendas teosóficas que en el principio se asentaron sobre esta tierra trece seres divinos que emanaban de la fuente original.

Cada uno de esos seres no tenía más cuerpo que la luz que lo envolvía, porque no eran más que emanaciones del rayo divino que habían tomado conciencia de ser.

Uno de ellos, el más grande y poderoso, entró en el alma del planeta, y le dio simiente y vida, alma y conciencia. Ese rayo es el logos planetario, la conciencia vital del planeta, con la Naturaleza por estandarte, pero con vida, sensaciones y pensamientos propios. Su nombre es Gaia y es omnipresente, omnisciente y omnipotente en este planeta.

Las doce emanaciones restantes se reflejaron en las luminarias del cielo y en las estrellas lejanas, para manifestarse vitalmente en la Tierra. Cada una de esas emanaciones es un alma madre de los seres y de los ciclos de Gaia unida a la Naturaleza.

Las almas madre de la humanidad

- La primera se reflejó en el planeta Marte y en la constelación del Carnero.

- La segunda se reflejó en el planeta Venus y en la constelación del Toro.

- La tercera se reflejó en Mercurio y en la constelación de los Gemelos.

- La cuarta lo hizo en la Luna y en la constelación del Cangrejo.

- La quinta lo hizo en el Sol y en la constelación del León.

- La sexta se reflejó en Mercurio y en la constelación de la Doncella.

- La séptima lo hizo en Venus y en la constelación de la Balanza.

- La octava se reflejó en Plutón y en la constelación del Escorpión.

- La novena se reflejó en Júpiter y en la constelación del Centauro.

- La décima lo hizo en Saturno y en la constelación de la Cabra.

- La décima primera lo hizo en Urano y en la constelación del Aguador.

- Y la décima segunda se reflejó en Neptuno y en la constelación de los Peces.

La primera se mezcló con la segunda para que naciera la tercera; la cuarta se unió con la quinta para que naciera la sexta; la séptima y la octava juzgaron e iniciaron a las anteriores para que renacieran en la novena; la décima y la undécima marcaron la ascensión y dieron el pensamiento para que tuviera lugar la duodécima.

La primera, la cuarta, la séptima y la décima se unieron y formaron la cruz radical donde se abren y se cierran las puertas del espíritu.

La segunda, la quinta, la octava y la undécima se unieron y formaron la cruz donde se abren y se cierran las puertas de la experiencia.

Y la tercera, la sexta, la novena y la duodécima se unieron y formaron la cruz donde se abren y se cierran las puertas de los cambios y las transformaciones.

Después se unieron en otros cuatro grupos diferentes para formar los elementos de los que se sustentarían todas las cosas vivas y muertas.

La primera, la quinta y la novena encendieron el elemento del fuego.

La segunda, la sexta y la décima dieron solidez a las formas con las piedras del elemento tierra.

«Se les apareció un jinete terrible… Aparecieron también dos jóvenes fuertes…
descargando sobre [Heliodoro] fuertes golpes»
(2 Macabeos 3: 25, 26, 27).

La tercera, la séptima y la undécima cubrieron con su manto al resto y dieron el aliento de vida a todos los seres con el elemento del aire.

Y la cuarta, la octava y la duodécima derramaron el caldo de cultivo donde toda emoción y toda existencia fuera posible: el elemento agua.

Cada una tomó un lugar en los ciclos terrestres, para que todas las cosas y los seres que nacieran en ese lapso de tiempo llevaran una chispa de su alma, un reflejo de su conciencia.

Los hijos de las almas madre

- Así nacieron las cosas, los seres y los hombres, y los que lo hicieron en el primer ciclo son parte del alma madre del Carnero (Aries).

- Los del segundo ciclo comparten el alma madre del Toro (Tauro).

- Los del tercer ciclo comparten el alma madre de los Gemelos (Géminis).

- Los del cuarto ciclo son hijos y parte del alma madre del Cangrejo (Cáncer).

- Los del quinto ciclo pertenecen en espíritu al alma madre del León (Leo).

- Los del sexto ciclo nacen impregnados del alma madre de la Doncella (Virgo).

- Los del séptimo ciclo tienen el aliento divino del alma madre de la Balanza (Libra).

- Los del octavo ciclo son vástagos del alma madre del Escorpión (Escorpio).

- Los del noveno llevan en su ser el reflejo del alma madre del Centauro (Sagitario).

- Los del décimociclo están conectados para siempre al alma madre de la Cabra (Capricornio).

- Los del undécimo ciclo son jirones del alma madre del Aguador (Acuario).

- Y los del duodécimo ciclo están inscritos en el alma madre de los Peces (Piscis).

Por tanto, no hay ni un solo ser ni una sola cosa en todo este planeta que no tenga existencia divina, que carezca de alma.

Y si todos los seres y todas las cosas son el reflejo de un alma madre, divina y original, porque habrían de necesitar de algo o de alguien para tener el derecho a ser y estar en cuerpo, mente y espíritu al servicio de la creación.

Las piedras y las plantas cuentan con hadas que los guían y protegen. Los animales son nuestros seguidores en el camino de la evolución y tienen sus propios guardianes espirituales, entre los que nos deberíamos contar nosotros; y nosotros, los seres humanos, contamos todos y cada uno con nuestro personal e intransferible Ángel de la Guarda para que nos guíe, nos acompañe y nos proteja en el camino de la evolución universal, que no es sólo un camino de buenos deseos, sino una realidad palpable que se transforma todos los días.

Por tanto, para llamar a nuestro Ángel de la Guarda y sentir su presencia no tenemos que hacer otra cosa que pedirle que venga, que se acerque o que se manifieste. Así de difícil y de sencillo.

¿Por qué no se manifiesta él mismo?

Sí lo hace, y más de lo que nosotros pensamos. A menudo nos llama por nuestro nombre. A veces nos susurra ideas o consejos al oído. En otras ocasiones nos empuja un poco o nos hace ir por un rumbo que originalmente no habíamos escogido.

En más de una ocasión nos salva de un accidente, o nos hace sentir algo raro en nuestro interior cuando estamos a punto de cometer un error o de desviarnos de nuestro camino.

También nos acaricia y nos llena de felicidad cuando hemos hecho lo correcto, o simplemente nos acaricia cuando estamos solos y en paz con todos y con todo.

Cada noche se acerca a nosotros a hacernos una caricia o a darnos un beso antes de que nos quedemos dormidos.

Y en otras ocasiones simplemente nos pasa su mano por la espalda o entre los cabellos.

El mío, Jabel, tiene apariencia de anciano y una voz tan dulce y suave que parece femenina, aunque en realidad no tenga sexo.

Cuando somos pequeños e inocentes se acercan con más facilidad a nosotros y hasta comparten nuestros juegos, pero sabedores de que cada día que pasa nos llenamos de prejuicios y conveniencias, pasan a un discreto segundo plano, más por el bien nuestro que por el suyo.

Si no temiéramos a la locura, la esquizofrenia y la burla de los demás, ellos no tendrían ningún inconveniente en estar siempre presentes, pero como desde hace varios miles de años que somos como somos, se mantienen fuera de nuestra vista aunque siempre estén a nuestro lado.

Están ahí siempre, pero saben que nosotros, al menos la inmensa mayoría, no estamos preparados para mantenernos en constante contacto con ellos.

Nuestros filtros mentales hacen muy difícil que podamos oírlos y verlos, pero eso no impide que a menudo sintamos su presencia, sobre todo cuando creemos que estamos solos en un lugar.

Y también es muy sencillo conectar con ellos, porque aunque nosotros no los veamos ni los oigamos, ellos están ahí y nos escuchan perfecta y constantemente.

¿Cómo se puede saber su nombre?

Nuestro Ángel de la Guarda suele tener un nombre muy parecido al nuestro. Ese nombre, como cualquier otra denominación, es temporal y le da ciertas cualidades y características.

El mío me dijo su nombre él mismo: Jabel, pero también debo decir que la pronunciación y la transcripción a nuestro idioma siempre me queda grande, ya que a veces creo que me dice que se llama Jal-el, y durante muchos años de mi infancia le llamé Yal-el, Yayal y hasta Yayason, intentando llamarlo de forma cariñosa. Incluso mis padres y mis hermanos llegaron a llamarme a mí así, sobre todo mi hermana Cristina, con lo que mi simbiosis con mi Ángel de la Guarda se hizo más intensa.

De hecho las primeras veces le llamaba por mi nombre, como si me estuviera llamando a mí mismo, y él respondía con rapidez a mi llamada.

Sólo tenía que cerrar los ojos, frotarme un poco el pelo y llamarlo utilizando mi nombre como si fuera el suyo, para sentir de inmediato su presencia. Y escribo «sentir», porque la mayoría de las veces se presentaba en forma de sensaciones, y no de manera física o visual, pero la sensación de su presencia era tan sólida y vital como la de una persona que se tiene enfrente.

La fórmula

Si usted quiere llamar a su Ángel de la Guarda no tiene más que cerrar los ojos, respirar hondo, tranquilizarse, relajarse, y empezar a gritar mentalmente su propio nombre, y cuando sienta recorrer un escalofrío en su cabeza, como si alguien le hiciera una caricia, o una fuerte presión en la frente como si algo interno quisiera salir, sabrá que su Ángel de la Guarda está a su lado.

Si lo hace con frecuencia, pero sin obsesionarse en el contacto diario o continuo, su Ángel de la Guarda le revelará su nombre, que generalmente será muy parecido al suyo, porque de hecho su personal e intransferible Ángel de la Guarda tiene que llamarse como usted, con la única diferencia de que el nombre de la entidad divina y protectora lleva añadido el sufijo El.

Para aquellos que en la infancia leían las aventuras de Supermán les resultará muy familiar este sufijo, ya que el padre del héroe, si la memoria no me falla, se llamaba Jor-El, lo que colocaba al reportero de la mítica Metrópolis en la calidad de ser el hijo de un ángel. Y aunque las aventuras de un héroe de ficción no parezca lo más adecuado para apoyar un ensayo sobre los ángeles, resulta que uno de sus creadores era un gran seguidor de la Cábala, que en el héroe de ficción no hizo más que reflejar algunas de las aptitudes de aquellos ángeles bíblicos que libraban batallas entre ellos o que destruían ciudades como Sodoma: capacidad de volar, fuerza descomunal, invulnerables, rápidos, protectores del bien y tantas otras cualidades que igualan, salvando las distancias, a un héroe de ficción con devas, ángeles, elfos, dioses y semidioses de la antigüedad.

Muchos de los cuentos infantiles de todos los tiempos no son más que el reflejo de seres mitológicos, muchos de ellos claramente angelicales.

La inocencia, por supuesto y ya que señalamos héroes de ficción y cuentos infantiles, es una de las mejores vías para contactar con nuestro Ángel de la Guarda.

Recuerde, su Ángel de la Guarda siempre acude a su llamado, simplemente porque está siempre a su lado, se manifiesta de forma suave para no brindarle a usted ningún sobresalto, y se llama prácticamente igual que usted, sólo que con el sufijo El al final del nombre.

A menudo, y cuando el nombre personal es muy largo, nuestro Ángel de la Guarda hace una especie de contracción con nuestro nombre y le añade el sufijo El.

Y si usted se llama Miguel, Rafael, Manuel, Abel, es decir, si usted ya tiene nombre de ángel o de arcángel, no sería nada raro que su personal Ángel de la Guarda se llamara exactamente igual que usted.

Tampoco hay que olvidar que dependiendo del idioma y la pronunciación, y a pesar de que nuestro Ángel de la Guarda habla siempre nuestro mismo idioma y utiliza nuestras propias palabras, a veces el sonido de su nombre puede parecernos algo distinto, como si estuviera pronunciado en otro idioma o por otra voz. Esto se debe a que su origen angelical no siempre nos resulta fácil de comprender, y a que nuestro cerebro lo filtra dependiendo de cómo lo pronuncie nuestro Ángel de la Guarda, quien, por cierto, no siempre está del mismo humor, y aunque su disposición siempre es buena, su talante no siempre es el mismo.

Esto nos lleva a recordar que la relación con el mundo celestial, o con los seres angelicales, a quienes no comprendemos del todo, no siempre es fácil, entre otras muchas cosas, nuestras sensibilidades son bien distintas, y lo que a nosotros puede parecernos trascendental e importante, a ellos les puede parecer una soberana tontería, y viceversa.

Nuestros problemas con el mundo celestial

Nuestros problemas con el mundo celestial, más allá del pecado o de lo que dicen las diferentes religiones, se deben en buena medida a nuestra tendencia a racionalizar todo lo que vemos.

Por un lado nos sentimos atraídos hacia lo misterioso, pero por otro lado nos da miedo lo desconocido.

Por una parte queremos ser mejores y elevarnos, y por la otra tememos llegar demasiado lejos.

Queremos parecer serios, seguros y estables, por lo que tendemos a desechar todo lo intangible, pero algo dentro de nosotros nos grita que necesitamos algo de magia para continuar viviendo.

Queremos ser auténticos, pero también huimos de hacer el ridículo, y entre una y otra cosa perdemos el centro de nuestra atención en lo divino y nos perdemos en el mundo material que se abre ante nosotros.

Por supuesto, la culpa no es del mundo, sino de nuestros temores y de nuestros prejuicios. De esta manera nos encantaría hablar abiertamente y en cualquier lugar con nuestro Ángel de la Guarda, pero por otra parte se nos caería la cara de vergüenza si los demás nos vieran haciéndolo.

Actualmente sería un buen pretexto el teléfono móvil, pero no dejaría de ser un subterfugio para que los demás no pensaran que hemos perdido la razón.

Más allá de los miedos sociales y del miedo a perder la razón o a no ser considerados normales, hay otros temores mucho más profundos.

El contacto directo con nuestro Ángel de la Guarda también puede ser una experiencia traumática, sobre todo si no la tomamos positivamente y la vemos desde un punto de vista adecuado.

Sucede algo similar cuando realizamos un viaje astral, ya que no importa la preparación espiritual que tengamos ni las explicaciones que nos den, si al hacerlo lo relacionamos con una experiencia negativa, o, como hace la mayoría de la gente, si sentimos o creemos que nos estamos muriendo o que no podremos regresar a nuestro cuerpo.

A ello hay que añadirle el peligro de taquicardia o desequilibrio del ritmo cardíaco al volver del viaje astral, que si bien no tiene la menor importancia para muchas personas, para otras puede traducirse en una lesión cardíaca o en un susto de muerte.

Por eso apunto que a menudo lo que consideramos una buena preparación espiritual no sirve de mucho ante una experiencia que rebasa nuestra naturaleza humana.

Mientras nuestro Ángel de la Guarda se comunique con nosotros de forma suave, con unas cuantas señales simbólicas como lo hace casi siempre, no hay problema, pero si la experiencia es realmente vívida y tangible, es muy posible que muchos de nosotros no sepamos o no podamos digerirla, y entonces se puede convertir en una experiencia más traumática y molesta, que en una experiencia que eleve nuestro espíritu.

Personalmente he conocido a personas que se han pasado buena parte de su vida buscando una experiencia mística tangible y palpable, algo que vaya más allá de la simple excitación de los sentidos o la alteración parcial o temporal de la mente. Mientras estas personas han estado preparándose y buscando dicha experiencia, no ha habido problema alguno, e incluso han mejorado en muchos aspectos de su vida.

Pero cuando la experiencia que estaban deseando por fin llega, no son pocas las que han padecido más un trastorno que un alivio.

Por eso, la relación con nuestro Ángel de la Guarda debe llevarse de la manera más mesurada y tranquila posible, sin obsesiones ni exigencias, sin esperar demasiado y siempre con el mayor sentido común y los pies bien puestos en el suelo.

Otro de los problemas es que en lugar de atraer a nuestro Ángel de la Guarda atraigamos a un ser distinto, que bien podríamos identificar con lo que nosotros consideramos maléfico, aunque en la realidad y en el fondo no lo sea.

¿Cómo distinguir a nuestro Ángel de la Guarda de otros seres?

La respuesta es muy sencilla, pero para dejarlo más claro hay que seguir las siguientes reglas:

1.- Si no quiere rebelar su nombre, no es quien esperamos.

2.- Si su nombre no termina en ÉL, no es quien esperamos.

3.- Si nos ofrece cosas o nos pide algo a cambio, no es quien esperamos.

4.- Si habla mucho, no es quien esperamos.

5.- Si se prodiga en halagos hacia nosotros, no es quien esperamos.

6.- Si nos dice que somos especiales, elegidos de Dios o cualquier cosa por el estilo, no es quien esperamos.

7.- Si se arroga poderes o dice ser poderoso, no es quien esperamos.

8.- Si grita o ríe, si se enfada o alegra con facilidad, y si se toma demasiadas confianzas, no es quien esperamos.

9.- Si nos da demasiados consejos o si nos conmina a comportarnos de una o de otra manera, no es quien esperamos.

10.- Y si quiere darnos órdenes o nos las pide, no es quien esperamos.

Cuando esto suceda hay que actuar con firmeza y ordenarle a esa entidad que se vaya de inmediato, al tiempo que llamamos mentalmente y con el corazón a nuestro verdadero

Ángel de la Guarda, quien se encargara de inmediato de echar fuera a la entidad intrusa.

Nuestro Ángel de la Guarda, en todos los casos, es de la siguiente manera:

1.- Parco de palabras, de gestos y de actos.

2.- No pide ni ofrece nada.

3.- Deja bien claro que la responsabilidad de vivir es nuestra.

4.- Es amoroso, pero firme, y nos señala nuestro camino, pero no nos obliga a seguirlo, y deja en nuestras manos la elección.

5.- No pondera religión alguna.

6.- No hace milagros.

7.- Da respuestas claras y concretas.

8.- No demuestra tener poderes ni hacer cosas extraordinarias.

9.- Se va de inmediato si lo tomamos por lo que no es.

10.- Se molesta si somos insistentes o si nos mostramos demasiado interesados o reverentes.

En pocas palabras, es más bien hierático y ecuánime, con más tendencia a lo sublime que a lo humano, y un buen amigo y compañero si no se siente presionado por nuestro amor, nuestras preguntas o cualquiera de nuestros actos. Si observamos las reglas anteriores, no confundiremos nunca a nuestro Ángel de la Guarda con otros seres o entidades, de las que, por cierto, nos protege constantemente.

VIII

CÓMO VER A TU ÁNGEL
DE LA GUARDA

La respuesta, como siempre,
está grabada en el aire,
inscrita en el agua
y pintada en el fuego.

Escuchar a nuestro Ángel de la Guarda, a pesar de todo, no es tan difícil, porque de una o de otra manera siempre nos está enviando señales y mensajes de su presencia, pero una cosa es oírlo y percibirlo, y otra muy distinta es verlo.

Insisto que es en la infancia cuando nos es más fácil verlo y hasta intimar con él, porque en nuestros primeros años de vida estamos libres de prejuicios y de filtros mentales que suponemos racionales.

Los primeros 7 años de nuestra vida son los más idóneos para verlo tal cual es, oírlo y hasta saber su nombre de primera mano, es decir, de sus propios labios, aunque no los tenga, porque su voz, aunque lo tengamos enfrente, la sentimos directamente en el oído como un suave murmullo, o bien dentro de la mente, como si nos hablara más a través del pensamiento que de las ondas.

La primera vez que se presenta ante nosotros suele hacerlo revestido de luz, pero poco a poco va tomando una forma más humana y definida.

A menudo aparece, sobre todo en la infancia, con la apariencia de un niño, pero a medida que vamos creciendo su forma va cambiando, como si se adecuara a nuestros pensamientos o a nuestra idea de lo que puede ser un ángel.

Curiosamente y aunque las imágenes de ángeles alados sean las más difundidas, nuestro Ángel de la Guarda rara vez se presenta con alas ante nosotros, y las alas que ostenta son más un halo de luz que unas alas de ave. Son muy pocas las personas que ven a su Ángel de la Guarda con la apariencia clásica de los ángeles.

Nuestro Ángel de la Guarda, además de presentarse ante nosotros cuando somos niños o bebés de cuna, puede hacerlo en momentos especiales de nuestra vida, como cuando pasamos por una gran tragedia o una gran alegría, es decir, cuando hay algo que modifica el rumbo de nuestro destino básico y esencial, o algo que se nos queda gravado muy profundamente.

Pero no siempre se presenta como ángel o como visión etérea, es decir, que muchas de las veces que nos topamos con él su apariencia dista mucho de la de un ser divino.

Nunca se presenta como visión excéntrica, terrible o monstruosa, y casi nunca como un ser especial.

A menudo lo vemos, sin reconocerlo entre la gente, como si viéramos a cualquier otra persona.

Otras veces lo sentimos presente sin verlo, como si alguien nos estuviera observando sin conseguir encontrar el punto desde donde nos dirigen esa mirada que nos inquieta un poco.

Más de una vez nos avisa sutilmente de la presencia o inminencia de un peligro o un accidente, de la misma manera que puede empujarnos hacia un triunfo, un golpe de suerte o una gran alegría.

Si el accidente forma parte de nuestro destino, no evitará que suceda, pero si no es un punto obligado en nuestro camino, nos protegerá de la mejor manera posible.

A veces, cuando no puede evitar el accidente al que nos abocamos, protege nuestra integridad física, logrando incluso que salgamos ilesos de un siniestro en el que en condiciones normales y sin protección angelical habríamos perdido la vida.

Muchos de nosotros podemos contar experiencias similares, y hasta hay quien se ha salvado milagrosamente de un accidente de aviación gracias a la intervención de su Ángel de la Guarda.

A veces nos damos cuenta de la intervención de nuestro protector, pero en otras ocasiones nos pasa completamente desapercibida su presencia.

Nuestro Ángel de la Guarda suele ser discreto, y generalmente se presenta ante nosotros de cuerpo entero en dos únicas ocasiones: en el momento de nuestro nacimiento y en el instante de nuestra muerte. Pero también puede hacerlo, sobre todo si lo llamamos y mantenemos una buena relación con él, en cada cambio de etapa de nuestra vida.

Las etapas de la vida

Los seres humanos, aunque necesitamos al sol para vivir, somos bastante lunares. Nuestras células nacen, crecen y mueren siguiendo los ciclos de la luna. De esta manera cada 7 minutos, cada 7 horas, cada 7 días, cada 7 semanas, cada 7 meses y cada 7 años experimentamos cambios orgánicos.

Cada 7 años, por ejemplo, renovamos por completo el parque celular, y aunque lo hacemos lenta y gradualmente, cambiamos de piel y de tejidos como los crustáceos o las serpientes.

Por tanto, cada 7 años somos otra persona, con nuevos tejidos y nuevas células.

Nuestro Ángel de la Guarda se puede aparecer perfectamente ante nosotros dentro de estos intervalos, y de hecho está presente cada vez que acabamos un ciclo vital y empezamos uno nuevo.

Cuando nacemos está frente a nosotros y lo podemos ver, pero difícilmente lo recordamos.

Cuando cumplimos los 7 años de edad volvemos a sentir su presencia o a verlo de forma íntegra. Esta vez solemos guardar un claro recuerdo de la experiencia, pero rara vez la relacionamos con él.

Al llegar a los 14 abre el camino de nuestra adolescencia, pero tanto su presencia como su recuerdo es más etéreo y menos palpable.

Cuando cumplimos los 21 años y entramos en la primera juventud, se acerca hasta nosotros para darnos un empu-

jón, insuflarnos aliento o señalarnos el camino, pero nosotros apenas si lo percibimos.

Al entrar en los 28 accedemos a la segunda juventud y a
la primera madurez. En este punto nuestro Ángel de la Guarda no lo tiene nada fácil para entrar en contacto con nosotros, y a menudo apenas si puede interceder para que no nos
desviemos de nuestro camino. Justo a esta edad queremos
dominar mental y racionalmente nuestro mundo, nuestro
orgullo está en su cúspide y las tentaciones mundanas nos
avasallan. Si le hacemos caso no tendremos grandes tropiezos en esta edad crítica, pero lo más habitual es que no
queramos escucharle y que nos distanciemos de él a pesar de
que se nos ponga enfrente.

A los 35 años lo recuperamos un poco al entrar en la
segunda madurez, porque volvemos a abrirle la puerta a lo
emocional, a lo divino y a lo posible, aunque no sea proba-
ble racionalmente. Seguimos embebidos de orgullo y vanidad, pero ya permitimos su presencia, su guía y su consejo,
sobre todo si creemos que nos conviene o nos puede ayudar de manera física y práctica.

A los 42, con una madurez más plena, solemos recupe-
rarlo casi del todo, pero no porque nos volvamos más buenos, sino porque el declive de nuestra lozanía se hace patente y nos acerca a lo espiritual incluso en los casos más difíciles,
egoicos o materialistas.

A los 49 las dudas empiezan a ser más numerosas que
las certezas, y le abrimos definitivamente las puertas, acep-
tando que hay algo más que nosotros mismos y que hay
cosas que no podemos variar a pesar de nuestra pobreza o

nuestra riqueza, de nuestra inteligencia o de nuestra ignorancia. Esta es una estupenda edad, por ejemplo, para poder verlo de nuevo o para recuperar conscientemente su compañía.

A los 56 puede volver a inspirarnos y abrirnos la puerta a la edad de oro, con un nuevo empuje y unas fuerzas renovadas en todos los campos. Esta es una edad mágica en la que podemos estar perfectamente en contacto directo con él, aunque lo aceptemos o no ante los demás.

A los 63 repetimos parte de nuestra cerrazón adolescente, y aunque nos volvemos más místicos por una parte, también nos aferramos más a lo material y a lo que suponemos cómodo y estable para nosotros, con lo que podemos volvernos a alejar de él.

A los 70 podemos tranquilamente entrar en el mundo espiritual y mantener un pie en esta Tierra y el otro en la otra vida. Aquí el contacto puede ser libre, abierto e intenso, pero también es un momento en el que nos cuidamos más del qué dirán y de que los demás, propios y ajenos, puedan considerarnos dementes, seniles o locos. Esto puede conducirnos a contradicciones o a mantener en secreto nuestras cosas personales, interiores y espirituales, porque también se corre el riesgo de desconectar con la realidad circundante y sufrir apartamiento o abandono.

A los 77 logramos una mayor libertad incluso para nuestras excentricidades, y eso nos permite movernos con mayor facilidad por distintas realidades y niveles de conciencia y de pensamiento. A esta edad se suma la sabiduría a las sensaciones y aceptamos más y mejor lo interno y lo externo.

«Entonces el ángel le dijo: María, no temas,
porque has hallado gracia delante de Dios»
(Lucas 1: 30).

Es la edad del equilibrio, y puede ser una época muy productiva en todos los aspectos.

A los 84 se cumple un ciclo de ciclos (12 por 7), y el mundo físico empieza a diluirse. Entonces el mundo espiritual es más patente y podemos ver tranquilamente a todo tipo de seres, familiares desaparecidos y a nuestro Ángel de la Guarda, que vuelve a convertirse en un amigo invisible siempre presente con el que hablamos y departimos.

A los 91 volvemos a la infancia con toda la fuerza interna de nuestro ser, y todo lo imposible se vuelve posible, y entramos en la edad de la perfección, que nada tiene qué ver con la perfección física o material de este mundo, y todo porque la inocencia se mezcla con la experiencia y la sabiduría.

A los 98 años estamos listos para desprendernos de todo y de todos, y vivimos más en la memoria y el mundo espiritual que en el presente. Entonces ya no estamos donde estamos ni somos quienes somos, porque de hecho ya somos otros seres, y por un lado nos aferramos a los últimos destellos de la vida física y de la materia, pero ya tenemos el alma puesta en otras dimensiones.

Finalmente, a los 105 años, y aunque estemos todavía vivos físicamente, la ruta de nuestro destino en la Tierra se ha agotado y pasamos a formar parte del mundo espiritual y angelical, con nuestro Ángel de la Guarda al lado y palpable, visible ante nuestros ojos y presente.

En los próximos ciclos vitales (112, 119, 126, 133 y 140), aunque ya estemos muertos y liberados de nuestro destino terrestre, nuestro Ángel de la Guarda nos seguirá guiando para que escojamos una próxima vida y hasta un nuevo Ángel de la Guarda.

Terminados estos 140 años, nuestro Ángel de la Guarda puede despedirse de nosotros y ocuparse de su existencia sin cargas ni ataduras humanas, o bien, volver a encargarse de nosotros en una nueva reencarnación.

Esta reencarnación puede darse en distintos tiempos, etapas y niveles de experiencia, sin que el tiempo humano tenga nada qué ver en la espiral kármica. Es decir, que podemos renacer en el pasado, el futuro o el presente, en uno u otro planeta, como piedras, animales o seres humanos, y en línea ascendente o descendente. Dependiendo de dicha elección, nuestro Ángel de la Guarda seguirá con nosotros o nos dejará en manos de otro guía espiritual.

Más de una vez y en contra de lo que pudiera dictar la lógica humana o la lógica reencarnacionista, volvemos a este mundo a repetir exactamente la misma vida que acabamos de abandonar, y la repetimos tantas veces como haga falta para superar sus obstáculos y liberarnos de los lazos emocionales, materiales y sentimentales que nos atan a ella.

Repetimos una y otra vez los ciclos vitales hasta que hacemos el recorrido perfecto, hasta que cumplimos exactamente con la línea de nuestro destino. A estas repeticiones se deben en buena medida las premoniciones y esas sensaciones que todos, tarde o temprano, tenemos cuando sentimos «ya he estado aquí», «este lugar ya lo conozco», «ya he dicho anteriormente estas mismas palabras», «esto ya me ha pasado exactamente igual otras veces», «a estas personas ya las conozco», aunque nunca antes y de manera física y racional nunca hayamos estado en tal o cual lugar, jamás hayamos hecho tal o cual cosa, ni conozcamos a tal o cual gente.

La vida física y palpable, esa que consideramos racional y directa, esconde más misterios de los que imaginamos, y sin la menor necesidad de entrar en el mundo espiritual o el contacto con los ángeles. Y hasta es muy posible que esta vida que pensamos y sentimos tan real, sólo sea una fantasía creada por nosotros mismos, y todo simplemente para gozar o sufrir saboreando la experiencia de estar hechos de carne y hueso en un lugar y durante un tiempo determinados, donde lo único real es precisamente la fantasía, con la ayuda y protección, dentro de dicha experiencia vital, de nuestro particular Ángel de la Guarda, quien se aparecerá ante nosotros sólo en el caso de que sea necesario.

Los cinco días mágicos y las fechas señaladas

Nuestro ángel de la Guarda también puede manifestarse y presentarse ante nosotros en las fechas señaladas, es decir, en esos días que consideramos mágicos en nuestro calendario personal o grupal.

Nuestro Ángel de la Guarda no tiene nada qué ver con las vírgenes, las iglesias, los santos o los ídolos, y sin embargo puede presentarse ante nosotros en una celebración religiosa, pero no por la religión en sí, sino por el estado devocional en que nos encontramos.

También puede hacerse palpable en nuestro cumpleaños, en un aniversario especial para nosotros y hasta en la celebración de algo que nos guste, nos importe o nos interese, y no porque él esté pendiente de nuestras emociones, sino porque en estas ocasiones nosotros estamos más sensibles y receptivos.

Los últimos cinco días del año, entre la Navidad y el Fin de Año, o entre el solsticio de invierno y el 27 de diciembre, son días propicios para que nuestro Ángel de la Guarda se presente ante nosotros cada año, porque durante esos días el resto de las fuerzas celestiales están más relajadas y necesitamos más de su compañía, guía y consejo. Justo durante estos días, como en los ciclos de 7 años, los seres humanos morimos y nacemos de nuevo simbólicamente, y a nuestro Ángel de la Guarda le gusta estar palpablemente presente en dichos momentos.

Estos días sólo hay que llamarlo por su nombre o por el nuestro, que es prácticamente el mismo, para que se presente y lo sintamos, para que lo oigamos y hasta para que lo veamos directamente, de la misma manera que podemos ver cualquier otra cosa de este mundo.

Se ha perdido mucho el sentido mágico de estos días en favor de lo comercial y lo emocional, pero hay algo en nuestro interior que cada año y sobre estos días nos lleva a replantearnos nuestra vida, a hacer propósitos para mejorar, a visitar a los amigos y a la familia, a dar y recibir regalos, a compartir tristezas y alegría, y todo ello se debe en buena medida a que durante estos días nuestro Ángel de la Guarda se encuentra muy cerca de nosotros, tanto que casi lo podríamos tocar con las puntas de los dedos si estiráramos la mano, o ver si pudiéramos abrir los ojos del alma.

El niño que habla por nuestra boca

Una de las formas más curiosas y repetidas en la literatura, es ese amigo invisible que habla por nuestra boca, que vive en nuestra lengua y que sabe más de lo que sabemos y dice más de lo que nosotros mismos nos atreveríamos a decir.

También hay referencias a una voz interior, que se distingue de la conciencia porque no juzga lo malo ni pondera lo bueno, que nos llama por nuestro nombre o nos habla firme y claramente de diferentes temas. Esa voz es como si lleváramos a alguien dentro, y se distingue de los fantasmas o espíritus que nos pueden poseer, porque no interfiere en nuestro albedrío ni nos asusta ni nos rebela el futuro ni nada por el estilo. Es, simplemente, como si tuviéramos un inquilino independiente que vive en nuestro interior, y que a veces hace migas con nosotros y a veces no, sin que ello le impida decir lo que siente y lo que piensa.

Ese ser se manifiesta también a través de un dedo, una almohada, una manta, un muñeco, un coche o cualquier otro objeto del que parece que no podemos desprendernos. Ese dedo tiene sabiduría, y esa manta nos hace sentirnos seguros, protegidos y hasta amados, como si dentro del dedo viviera alguien o en la manta estuviera impregnado el espíritu del cielo.

Nuestro Ángel de la Guarda se puede presentar perfectamente ante nosotros bajo cualquier disfraz o aspecto sólido, y puede hacerlo tanto a través de nosotros mismos como de un juguete o de un dedo.

No aparecerá como un gnomo o un hada, pero sí puede impregnar con su esencia divina todo lo que nos rodea o un solo objeto.

Tampoco suele manifestarse a través de animales o mascotas, aunque se puede dar un caso puntual de este fenómeno, y no porque no le gusten los animales, sino porque estos seres ya tienen su propios guardianes.

El aspecto externo del Ángel de la Guarda

Cuando somos niños suele presentarse ante nosotros como un niño, pero una vez que dejamos esta edad, puede presentarse con su propio aspecto, es decir, como ser de luz sin apenas formas humanas, ni rostro ni brazos ni manos ni pies ni piernas, aunque sí con contornos antropomórficos, como una mariposa que se mueve demasiado de prisa para que la podamos ver, una imagen algo borrosa que emana maravillosas y destellantes luces blancas y doradas a su alrededor.

Este es su verdadero aspecto, su apariencia real, con la que deambulan por los mundos celestiales.

Ante nuestros ojos y nuestras limitadas percepciones a menudo pueden parecer sólo un tapiz de luces en movimiento, pero a medida que enfocamos los ojos del alma sobre su figura, nos va pareciendo más sólido y más firme.

Si usted quiere saber cómo es su aspecto de primera mano y sin que se lo cuente nadie, vea directamente al sol del medio día por unos instantes, y después intente enfocar la vista sobre una persona. Esa visión entre deslumbrada y borrosa es la que tiene el ser angelical que nos protege y guía.

Nuestro Ángel de la Guarda puede darnos la misma impresión de deslumbramiento que el sol, pero a diferencia del astro rey, nuestro Ángel de la Guarda no hiere nuestra retina con su luz.

Esa visión, que a todos debería reconfortarnos, a veces no es del todo agradable para algunas personas, porque relacionan esa luz con la muerte, con seres extraordinarios o con experiencias sobrenaturales, y se asustan considerablemente.

El ser humano es un animal de costumbres, y espera ver a su Ángel de la Guarda con alas y aspecto andrógino, pero casi nunca es así. En mi caso, como ya he indicado antes, primero se apareció con su cuerpo de luz, pero en muchos otros contactos se ha presentado con la apariencia de un anciano de manos grandes y mirada lánguida. En otros casos aparece con apariencia de niño, de joven o de adulto, con aspecto masculino o femenino, sin nada que nos recuerde al mundo celestial. Y si lo hace de esta forma es para no asustarnos y para que nos sintamos tranquilos, confiados y seguros.

¿Pero cómo se le puede ver?

Para verlo primero hay que llamarlo, después hay que sentirlo o percibirlo, más con la intuición que con los sentidos.

Luego hay que hablarle, como si fuera un amigo de toda la vida, y aprender a oírle.

Una vez que lo sentimos a nuestro lado o dentro de nosotros, que le hablamos y que le oímos, podemos pedirle que se deje ver.

Si después de estos sencillos pasos él considera que podemos verle, se presentará ante nosotros sin ningún problema, juego de luces ni efectos paranormales.

Pero si percibe el más mínimo temor o inseguridad de nuestra parte, se desvanecerá de inmediato, como si hubiera sido una visión fugaz, un engaño de la mente, o simplemente no aparecerá ante nosotros.

La fórmula del espejo

A veces basta con mirarnos durante largo rato al espejo en una habitación no demasiado iluminada, especialmente cuando estamos solos en casa, para poder ver en nuestro propio rostro su imagen.

Hay quien entorna los ojos, como si quisiera ver su propia aura reflejada en el espejo, pero basta mirar con fijeza nuestra propia imagen para que se trasluzca la de nuestro Ángel de la Guarda. La visión puede durar un instante, o quizás un poco más, pero no suele mantenerse durante mucho tiempo, porque nosotros solemos asustarnos o ponernos nerviosos ante su imagen, y nuestra parte racional nos impide aceptarlo del todo de buenas a primeras.

Ayuda que mientras nos miramos al espejo, pensemos en él con fuerza y lo llamemos de viva voz o mentalmente por su nombre (no hay que olvidar que es prácticamente el mismo que el nuestro), respirando suave y pausadamente e intentando no sobreexcitarnos. Si nos mantenemos en esta actitud durante 7 o 14 minutos, por lo menos alcanzaremos a vislumbrar la luz de su mirada y el aspecto de su rostro.

Este ejercicio puede parecer un juego de niños, pero hay que tener presente que, si algo valora de nosotros nuestro Ángel de la Guarda, es la sencillez y la inocencia.

Lo que le gusta y lo que no le gusta de nosotros

Nuestro Ángel de la Guarda, por muy amigo, guardián y compañero que sea, tiene sus propios gustos, su propia personalidad y su propia existencia, o, en otras palabras, no está obligado a que le caigamos bien.

Lo que le gusta

1.- De nosotros le atrae nuestra propia experiencia vital, es decir, nuestra vida y las múltiples sensaciones que podemos disfrutar o experimentar dentro de ella.

2.- También le agradan la sencillez y la inocencia, la sensibilidad y la libertad de pensamiento.

3.- Le gusta que tengamos ambiciones sanas y aspiraciones, planes y proyectos, y que nos lancemos a lo más alto que podamos.

4.- No nos juzga por lo que creemos nosotros que podemos ser juzgados, porque sus leyes no son las nuestras.

5.- Ama el sentido del humor y el ingenio, la inteligencia y la capacidad de aprender, así como las actividades creativas.

6.- Le encanta la actividad y el deseo de hacer cosas, y disfruta cuando nos ve entusiasmados por algo que muchas personas pueden considerar una tontería.

7.- Es amante de los detalles, los regalos, la generosidad y el amor, así como de la paz y la tranquilidad bien entendidas.

8.- Le agrada la capacidad de lucha y el deseo de superación.

9.- Se divierte con nuestra imaginación y con nuestra fantasía, y con nuestra capacidad para inventar todo tipo de seres, mundos y cosas.

10.- Y también le complace muchas veces nuestra capacidad para sacar algo bueno de las malas experiencias, o de trocar algo malo por algo bueno.

Lo que no le gusta

1.- No le gusta el desánimo ni la pereza, pero comprende que podamos enfermar de depresión o tristeza.

2.- No le gusta la mentira en general, pero no soporta que nos engañemos a nosotros mismos en particular.

3.- Le desagradan el orgullo, la vanidad, la soberbia y la crueldad, y le desespera la envidia y la miseria del alma.

4.- No soporta que hagamos el mal justificándonos con el bien, ni que abusemos de la ignorancia o la debilidad de los demás.

5.- No le gusta que abandonemos la ruta de nuestro destino, que interrumpamos nuestra vida o la de los demás.

6.- Le fastidia que nos creamos en posesión de la verdad, o que intentemos imponer nuestra verdad a los demás.

7.- También le irrita que lo consideremos un fantasma, un demonio o un ser superior, en lugar de considerarlo un compañero de viaje.

8.- No le agradan ni el apocamiento ni la costumbre que tenemos de darnos por vencidos antes de empezar a luchar.

9.- Se desespera cuando no hacemos nada con nuestra vida, cuando desperdiciamos las sensaciones y cuando dejamos pasar las oportunidades.

10.- Y no le gusta en absoluto que nos mantengamos tan ajenos a nuestra propia vida espiritual.

Le gustemos o no, siempre está dispuesto a ayudarnos y a protegernos. Lo que no hará si no le gustamos, será aparecerse ante nosotros y presentarse.

Le gustemos o no, no interferirá en nuestras vidas, decisiones, aciertos o errores, aunque se lo pidamos. Nos podrá aconsejar o desviar un poco para que reflexionemos, pero no pondrá una barrera entre nosotros y nuestros actos. Eso sí, se acercará más o menos a nosotros en función de lo que sienta personalmente por nuestra forma de ser y estar en esta Tierra.

Y, por supuesto, no hace falta que creamos o dejemos de creer en él, porque él sí cree en nosotros, y no porque le guste, sino porque no le queda más remedio al tenernos a la vista constantemente.

IX

PARA QUÉ SIRVE EL ÁNGEL
DE LA GUARDA

*Tenemos que empezar
a comprender que hay cosas
que se escapan de nuestros
pesos y medidas.*

Como ya hemos apuntado a lo largo de este libro, nuestro Ángel de la Guarda no es un ente milagroso que vaya a solucionarnos la existencia, sino simplemente un amigo, compañero y guía.

Su misión es la de mantenernos en la línea de nuestro destino, pero no puede obligarnos a rendirle obediencia. Él cumple con advertirnos y con protegernos de lo externo, pero no puede hacer nada para combatir lo que se desarrolla dentro de nosotros.

Tampoco puede hacernos mejores ni más coherentes con nosotros mismos, ni señalar nuestras faltas o nuestros aciertos.

Acostumbrados como estamos a contar con talismanes, magos, brujas, dioses, vírgenes, santos y otros ángeles para que nos solucionen la vida y se responsabilicen de nuestras cuestiones espirituales, nuestro Ángel de la Guarda nos puede parecer poca cosa, o poco práctico y funcional, pero si lo vemos desde un punto de vista más ambicioso, sobre todo más ambicioso para nosotros mismos, descubriremos que él es más valioso que todas las supersticiones y creencias juntas, por él, nuestro Ángel de la Guarda, es el único que puede hacernos realmente libres de todo tipo de sombras, miedos y ataduras.

Lo que nos da
- Albedrío, es decir, libertad de acción, creencia y pensamiento.
- Aspiración sin ponernos ningún tipo de leyes ni barreras.
- Inspiración en todos los procesos creativos e inventivos, desde los artísticos hasta los científicos.
- Ánimo e impulso en nuestros planes y proyectos.
- Mente abierta para aprender y conocer todo lo que nos rodea y todo lo que está más allá de lo aparente y lo convencional.
- Respeto a nuestras decisiones aunque nos equivoquemos.
- Amor, compañía, protección, amistad, guía y consejo sin cortapisas ni condiciones.

¿Qué nos pide a cambio?
Nada, absolutamente nada, sólo intenta mantener nuestra línea de destino, es decir, que vivamos nuestra vida des-

de el principio al final sin desviarnos del verdadero objetivo: crecer y evolucionar a través de las experiencias de la vida, sin que interrumpamos bruscamente nuestro ciclo ni el de los demás.

¿Qué podemos pedirle?

Por supuesto, le podemos pedir ayuda y consejo, protección y proyección, pero no le podemos pedir que solvente nuestros problemas ni que haga milagros.

Nos puede señalar un camino cierto para que consigamos un triunfo o un premio, pero ese triunfo o ese premio tiene que estar en nuestro camino.

Puede hablarnos directamente al oído y decirnos si es el momento adecuado para realizar tal o cual proyecto, y hasta para jugar a tal o cual número, siempre y cuando esos hechos se encuentren en la línea de nuestro destino. Pero si esos hechos no están en nuestro camino, no podrá hacer nada por ayudarnos.

Eso sí, puede adelantar o retrasar el tiempo de ciertos sucesos, porque el tiempo no es importante, lo importante es que se cumplan; lo que no puede hacer es evitarlos si nos pertenecen, ni variarlos en su esencia.

El resto depende de nosotros y podemos recurrir a otras figuras mágicas o religiosas para conseguir milagros, prebendas, dispensas o lo que sea, o para lograr cosas y triunfos que no estaban marcados en nuestro libro.

Nuestro Ángel de la Guarda nos ayuda a superar obstáculos y a sacar algo positivo de todo lo negativo que pueda pasarnos en esta vida, pero no puede variar el rumbo de las cosas y los hechos a los que hemos de enfrentarnos. Puede prepararnos para que los enfrentemos mejor y para que salgamos airosos del lance, pero no puede evitar el lance en sí mismo.

Y es que nuestro Ángel de la Guarda no es una muleta, sino un compañero, un amigo y un guía que nos ayuda a prepararnos para una existencia más elevada, tanto en este mundo como en el otro, dándonos a menudo con su sola presencia, el hálito divino que nos lleva a evolucionar como seres humanos completos.

Para eso sirve realmente nuestro Ángel de la Guarda: para que nos veamos en el espejo de su luz y nos inflamemos con ella, porque de la misma manera que él nos protege y guía ahora, nosotros tendremos que proteger a otros seres en evolución el día de mañana. De hecho ya lo hacemos o deberíamos estarlo haciendo con nuestras propias mascotas, que aprenden de nosotros vicios y virtudes aunque no puedan comprendernos.

Algún día la raza humana dejará este mundo, de la misma manera que lo han dejado otras especies, para dejar paso a los seres que vienen detrás de nosotros y que heredarán la Tierra.

Los elfos y las hadas tuvieron que irse de este mundo cuando los dioses les comunicaron que el planeta pasaría a nuestras manos, y lo mismo sucederá con nosotros el día de mañana. Los elfos y las hadas han pasado a otra dimensión, y posiblemente nosotros hagamos lo mismo, y, desde ella, puede tocarnos, lo mismo que a nuestros ángeles de la guarda les ha tocado con nosotros, la salvaguardia de su evolución y desarrollo.

Por tanto, no podemos quedarnos con los brazos cruzados a la espera de que nuestro Ángel de la Guarda lo haga todo por nosotros, que ya bastante hace cuidándonos todos y cada uno de los días de nuestra vida, porque quizá nosotros mismos seamos los ángeles de la guarda del mañana.

Quizá sería más fácil decir que un Ángel de la Guarda sirve para curar males de cabeza o de garganta dependiendo del signo astrológico de la persona en cuestión (Aries o Tauro), pero no es cierto.

Hablar de ellos en términos mágicos o religiosos sería mentir, y a los ángeles de la guarda no les gusta la mentira.

Intentar mirarlos bajo el prisma de la racionalidad y la madurez, comprimiendo la inteligencia en la prensa de lo tangible, también sería un error, porque son inteligentes y hasta sabios, pero no precisamente racionales dentro de nuestros esquemas de racionalidad.

Con la madurez y la razón a menudo nos arrogamos el derecho de juzgar, de fallar y de engañar, porque creemos erróneamente que esa madurez nos da un lugar privilegiado o más elevado ante los demás. Lo mismo nos pasa con el dinero y con el poder, o con cualquier cosa que nos haga perder el suelo de vista: nos creemos superiores y en base a eso pretendemos tener el derecho de hacer daño o engañar a los demás en nuestro beneficio.

Nuestro Ángel de la Guarda, ante los defectos que tenemos la gran mayoría de los seres humanos, nos ofrecen la oportunidad de recuperar la inocencia, y con ella la bondad y el camino de nuestro verdadero destino, un camino que parecemos haber olvidado más como grupo que de forma individual. Pero no debemos engañarnos con la salvación individual, porque todos estamos unidos en una misma alma planetaria y atados a un mismo barco. Tenemos que seguir trabajando individualmente para mejorar nuestro ser interno, pero la salvación, si es que existe, será grupal y de la mano de nuestros ángeles de la guarda.

Estas son las teorías, pero sólo de nosotros, de usted y de mí, dependen las experiencias personales e intransferibles, y, de ellas, los hechos.

Para llegar a ver a nuestro personal Ángel de la Guarda, por tanto, hay que dar un paso hacia adelante liberándonos de las vendas materiales que nos tapan los ojos del alma.

Las Cuatro Vías Superiores

No podíamos dar por terminado este capítulo sin apuntar las vías espirituales clásicas para entrar en contacto con la divinidad.

Vía de Pasión (Fuego)

Para llegar hasta nuestro Ángel de la Guarda o cualquier otro ser divino, se puede seguir la Vía de la Pasión, o Vía del Fuego, que consiste en la entrega total a lo espiritual, de una forma decidida y directa, soportando todo tipo de esfuerzos personales y sacrificios.

Para muchos esta Vía incluye el sufrimiento físico, arguyendo que el dolor corporal nos ayuda a superarnos a nosotros mismos al tiempo que nos abre las puertas de la percepción.

Los holocaustos de fuego o las ofrendas y hasta las teas y las velas están vinculadas a esta Vía para lograr el éxtasis espiritual, de la misma manera que lo están la entrega de la cabeza, el corazón y el espíritu.

Para recorrer esta Vía hace falta no temer a la iluminación rápida y directa, aspirar con fuerza a ser por lo menos la mitad de Dios y mantenerse dentro de una estructura grupal o religiosa.

El fin de esta Vía es arder en el fuego divino para convertirnos (aunque sea por un instante), como los ángeles, incluido del de la guarda, en seres de luz, dejando atrás todo lo que tenga que ver con la memoria, el ser y el ego.

Vía de la Ascensión (Tierra)

La Vía de la Ascensión no desprecia materia alguna, ni siquiera la más densa ni la más grosera, porque es una Vía del elemento Tierra. Se le llama de la ascensión porque hay que subir y escalar nuestras propias montañas, bardas, piedras y cualquier otra cosa material o física que nos ate a este planeta.

Esta es una Vía de paciencia, de ir sembrando con tenacidad para recoger la cosecha. Para ello hace falta dominar nuestra sensualidad y ambiciones, despertar nuestra visión interna y adquirir la disciplina y fuerza de voluntad que nos permita ser frugales y ascéticos.

En esta Vía cuenta mucho las acciones diarias, sobre todo las que hacemos para favorecer al mundo, los animales, los humanos y hasta las piedras que pisamos. En ella hay que desarrollar la vocación de servicio, el silencio, mantenerse en segundo plano y trabajar mucho más para el resto que para nosotros mismos, y sin esperar recompensa alguna a cambio.

En esta Vía hay caídas y tentaciones que deben superarse como cualquier otro obstáculo que salga a nuestro paso, porque lo importante es mantener un objetivo bien definido y concreto que se debe defender hasta el último momento.

Por esta Vía se descubre la luz divina de la misma Tierra, la luz virginal de nuestro ser interno, para abrir finalmente la puerta que está más allá de la vida y la muerte, ascendiendo poco a poco y paso a paso hasta entrar en contacto con la divinidad y, por supuesto, con nuestro Ángel de la Guarda.

Vía del Conocimiento (Aire)

En esta Vía se debe poner a trabajar algo tan intangible como el pensamiento, pero no el pensamiento que medita, sino el que investiga y descubre, el que lucha y mejora, el que se abstrae y discierne.

Esta es una Vía inquieta y activa, movible y hasta acomodaticia, que busca en muchos frentes para llegar finalmente a un punto concreto, ya sea porque conforma el más lejano pasado, o porque nos lanza al más lejano futuro.

El pensamiento ha de mantenerse activo y creativo, cuidando más el fiel de la balanza que lo que hay en los platillos, para poder alcanzar finalmente el estado de Verdadero Ser Humano.

Por esta Vía el cielo se gana con la lucha, la revolución y la espada, y no con lo que se ofrenda, se construye o se sacrifica. La guerra espiritual ha de ser constante, y al mismo tiempo debe mantenerse en perfecta armonía, templada y firme.

Esta es la Vía propia de los ángeles, por la que ellos mismos han subido hasta los cielos, y es en la que más fácilmente podemos encontrar a nuestro Ángel de la Guarda, porque él mismo la está recorriendo constantemente.

Por esta Vía se alcanza el conocimiento, la comprensión y la sabiduría, que nos abren las puertas del mundo espiritual, de una manera más individual que grupal, y más independiente que sometida a dogmas, leyes, juicios o jerarquías, y aunque parezca una de las más sencillas, no hay olvidar que es fría como el acero, solitaria y poco o nada cargada con emociones o sentimientos; es decir, que puede apartarnos de la comprensión del resto de los seres humanos aunque trabajemos día a día para ellos.

Vía de la Devoción (Agua)

Esta es la Vía más seguida en los últimos dos mil años, porque es la vía de la intuición, la emoción, los sentimientos, la dependencia, el amor, el sufrimiento interno, la fidelidad, la creencia, el dogma y la fe.

Por esta Vía la propia persona y sus sensaciones no cuentan para nada, ya que debe vaciarse como una copa para dejar que las sensaciones espirituales la colmen. El ego queda reducido a ser sólo una gota más en el océano de la humanidad, con lo que el éxtasis devocional y religioso es más accesible y más constante.

En esta Vía el hombre no es nada ni nadie, sólo una parte más del Plan Divino, por lo que debe dejarse guiar por lo que le dicta su interior, su guía, su maestro o su Ángel de la Guarda sin oponer ninguna resistencia.

Por esta Vía sí debe practicarse la meditación, la concentración del pensamiento y hasta los dones y sentidos ocultos, para derramarlos en la masa que nos rodea y hacernos uno con ella.

En esta Vía el alma debe fundirse con los demás, morir, renacer, despertar y moverse desde el fondo hacia afuera, para poder abrir las puertas del más allá, de las dimensiones o de otras realidades, que es donde encontraremos las respuestas a nuestras ansiedades y los contactos celestiales, incluido el de nuestro Ángel de la Guarda, que actuarán sobre nosotros como un bálsamo que cura todas las penas.

Durante muchos años se dijo que recorrer esta Vía de amor y devoción, era como recorrer un largo valle de lágrimas, porque es la única Vía donde el ser interior se reconoce pecador, indigno y carente de todo tipo de cualidades para ser aceptado por las divinidades.

Para unos es el camino más duro, pero para la mayoría es la Vía más fácil, porque en ella no hay que pensar, luchar o trabajar: con creer y ser fiel a lo que se siente en el alma, es más que suficiente, trasladando la responsabilidad final a los seres celestiales, que se hacen cargo de nosotros por las alianzas entre Dios y los profetas, y estas alianzas incluyen, por supuesto, a nuestro Ángel de la Guarda.

Cada quien, dependiendo de su personalidad, sensibilidad y carácter, puede escoger una u otra Vía espiritual para conocer y ver a su Ángel de la Guarda. Todas y cada una de ellas son

«Y se le apareció [a Jesús] un ángel del cielo para fortalecerle»
(Lucas 22: 43).

válidas, porque simple y llanamente todas llegan exactamente al mismo lugar: el mundo espiritual donde se haya presente y a nuestro lado, observándonos, cuidándonos y guiándonos, nuestro personal y particular Ángel de la Guarda.

Las protecciones angelicales

Cuenta la leyenda que los ángeles en su conjunto se dedican a proteger, cuidar y cultivar las obras de Dios en el universo. Nuestro Ángel de la Guarda se dedica, por tanto, a protegernos, cuidarnos y cultivarnos personalmente como criaturas de Dios que somos.

Las huestes angelicales vigilan al mundo desde fuera y desde dentro, impidiendo que fuerzas extrañas extraterrestres o intraterrestres nos ataquen, se apoderen de nuestro mundo, de nuestras almas o de nuestras mentes. Si nos quisiera atacar un ejército de seres desconocidos, de la misma manera que los hombres atacan en las guerras a los hombres, los ángeles intervendrían de inmediato para evitar la contienda.

Los ángeles pueden intervenir si la Tierra y sus criaturas se ven amenazadas por fuerzas externas, pero nada pueden hacer para que los hombres respeten a los hombres.

Los diablos y los demonios se pueden colar subrepticia e individualmente en nuestro mundo y en nuestras vidas, pero nunca como un ejército que lo arrase todo. Esa es la razón por la que los seres humanos se mantienen a salvo y seguros dentro de los lindes de este planeta y hasta de este sistema planetario solar, porque los mismos planetas estás dominados y vigilados por inteligencias celestiales que responden a los designios de Dios.

De hecho cada planeta responde a una inteligencia celestial, y desde los tiempos más antiguos los astros errantes y el sol y la luna han representado a los dioses de los seres humanos, en una jerarquía perfectamente establecida.

Los planetas y las huestes angelicales

• En el Sol se encuentra el reflejo de Dios que concebimos espiritualmente los hombres, así como los Elohim, o creadores de la vida en la Tierra.

• En Júpiter se encuentran los ángeles protectores y el reflejo de Dios que concebimos los hombres mentalmente.

• En Saturno se encuentran las huestes de retención y vigilancia externa y el reflejo de Dios que concebimos los hombres materialmente.

• En Marte se encuentran las huestes angelicales que luchan contra los enemigos que intentan acercarse a la Tierra.

• En Venus se encuentran las huestes angelicales que vigilan los asuntos humanos.

• En Mercurio se encuentran las huestes angelicales que llevan y traen mensajes de la divinidad a los hombres y de los hombres a la divinidad. Son los ángeles que más cerca tenemos y que más conocemos.

- En la Luna se encuentran las huestes angelicales que se encargan de nuestra sensibilidad, nuestra educación, nuestra evolución y nuestro crecimiento.

- Y en la Tierra se hallan las huestes angelicales que nos protegen de las fuerzas inferiores e internas, o intraterrestres, lo mismo que nuestros ángeles de la guarda.

Los 4 Arcángeles

Entre las huestes angelicales que vigilan la obra de Dios en la Tierra hay cuatro arcángeles que se encargan de cuidar y potenciar aspectos de la vida humana que nos interesan particularmente.

Gabriel Arcángel

Señor del fuego y de la luz, inspirador de todas las obras y todos los actos positivos; manipulador de la ciencia y la materia; otorgador del don divino; sembrador de la simiente de Dios y del Espíritu Santo. Está presente en todas las grandes creaciones y en los grandes cambios de la humanidad. Abre y cierra las épocas; expande el espíritu; eleva las aspiraciones humanas; da fuerza, regencia y jerarquía. Protege con su espada de fuego los Cielos y la Tierra, y tiene la llave del Paraíso Terrenal.

Protege en primer lugar a los seres humanos nacidos bajo la influencia astral de Aries, Leo y Sagitario.

Y en segundo lugar a los seres humanos nacidos bajo la influencia de la Cruz Cardinal: Aries, Cáncer, Libra y Capricornio.

Miguel Arcángel
Señor del campo, de la tierra, de los bosques, de la naturaleza y hasta de las piedras, y es el que inspira las obras de arte, las construcciones, las sociedades, las civilizaciones, la diplomacia, el amor y el entendimiento entre los seres humanos. Intercede por los hombres ante Dios, y eleva los corazones, las almas y los espíritus para que se acerquen a la Gloria Divina.

Es el arcángel de la unión y de las alianzas; de la curación espiritual; del equilibrio y la armonía; del pensamiento y la meditación; de la sensualidad y del placer de vivir. Protege al planeta y a la humanidad de los ataques mentales externos y hasta de la propia autodestrucción, entre otras cosas, porque es el arcángel que limpia todos los pecados.

En primer lugar favorece a los seres humanos que hayan nacido bajo la influencia estelar de Tauro, Virgo y Capricornio.

Y en segundo lugar a los seres humanos que pertenecen a la Cruz Fija, o Cruz de la Experiencia: Tauro, Leo, Escorpio y Acuario.

Rafael Arcángel
Señor del pensamiento y del aire, mensajero de Dios por excelencia, intercede entre Dios y sus creaciones. Es el arcángel de la salud, que cura de todas sus dolencias y afecciones al cuerpo, la mente y el alma. Sabe de todos nuestros actos y pensamientos, y es el impulsor del conocimiento, el entendimiento y la sabiduría. Se mueve con agilidad por el mundo intelectual, y es el que nos permite ver más de lo que vemos, oír más de lo que oímos y saber más de lo que sabemos. Muchas de las ciencias, obras e invenciones que creemos nuestras, en realidad nacen de su inspiración divina siguiendo el Plan de Dios para los seres humanos, y mantiene a raya a las fuerzas y los seres que están en contra dicho plan. Es el arcángel de la medicina, de la comunicación y de la infancia, que sabe que la humanidad aún necesita de curación, que está dando sus primeros pasos y que necesita mantenerse en contacto con la divinidad.

Protege en primer lugar a los seres humanos nacidos bajo la influencia estelar de Géminis, Libra y Acuario.

Y en segundo lugar a los seres humanos que pertenecen a la Cruz Mutable, la Cruz de la Infancia: Géminis, Virgo, Sagitario y Piscis.

Cassiel Arcángel
Señor de los sentimientos, las emociones, la creencia, la devoción, la imaginación, la fantasía, la intuición y la sensibilidad. Se ocupa básicamente de la salud del alma y el espíritu, la psique y los sentimientos. Con su escudo nos prote-

ge de los demonios externos e internos, combate contra el caos y el conflicto, y se encarga de borrar de nosotros el único alimento de las sombras: el miedo. Derrama sobre nosotros las aguas celestiales como un bálsamo que cura todas las penas; enciende la luz de las luminarias y las estrellas para que nos guíen en las rutas del destino y la existencia; mantiene viva la luz divina e interna que hay en todos los seres y cosas de la creación. Nos otorga los valores morales, sociales, sentimentales, humanos, grupales y hasta económicos (como equilibrio entre lo que damos y lo que tomamos a cambio), para que sobrevivamos a los ataques externos y a los que nos infligimos a nosotros mismos.

Protege en primer lugar a los seres humanos nacidos bajo la influencia estelar de Cáncer, Escorpio y Piscis. Y en segundo lugar al resto, porque a todos protege y a todos cuida en su enfermedad, exilio o encierro, potenciando sus virtudes positivas y ayudándoles a superar las negativas.

Abre las puertas de lo que nos parece irreal e imposible, demostrándonos que más a menudo de lo que pensamos la realidad es mentira y sólo es verdad lo que imaginamos.

Nuestro personal y particular Ángel de la Guarda es la suma personificada de todas estas emanaciones divinas, pero comulga más con uno o con otro arcángel dependiendo de la influencia estelar bajo la que hayamos nacido, porque la influencia estelar no es otra que la influencia de los ángeles, de Dios y de las inteligencias celestiales que se hacen carne en nuestro cuerpo por la fuerza creadora del verbo.

Y es que nosotros, los seres humanos, somos en cierta forma una especie de ángeles en potencia, unos ángeles menores y sin más alas que las de nuestra imaginación, nuestro espíritu y nuestro pensamiento, pero ángeles al fin y al cabo, porque también dentro de nosotros brilla la chispa divina.

X

UN DÍA SEREMOS ÁNGELES

*Más vale encender una luz
que gritar en la oscuridad,*
DIÓGENES

Un reverendo norteamericano de la orden evangélica de los carismáticos, prometía a sus fieles que serían ángeles de la guarda tras su muerte, y que si se portaban bien en el más allá sirviendo a sus hermanos y a la humanidad, dentro de un par de siglos, cuando mucho, pasarían de ser simples ángeles relacionados con los mortales, a ser ángeles relacionados con el Cielo.

Pero ahí no acababa todo, porque de ángeles, y tras un milenio más o menos, podrían pasar a ser arcángeles, querubines, tronos o cualquier otro tipo de seres celestiales que cantan en coro alrededor del trono de Dios, y que una vez que hubieran agradado al señor durante mil o dos mil años más, ya estarían preparados para convertirse en dioses de nuevos planetas, donde les tocaría crear la vida, señalar las leyes y establecer las normas y las jerarquías de su propio cielo. Por supuesto, una vez que hubieran alcanzado el rango de dioses, los fieles elegidos podrían disponer de unas cuantas huestes angelicales que les ayudaran en su trabajo divino.

El reverendo también señalaba la distancia exacta entre la Tierra y el Cielo divino, y aseguraba que algún día los hombres construirían una nave espacial capaz de llegar hasta nuestro creador.

La idea puede parecer poco seria y hasta descabellada, pero los seguidores del reverendo no pensaban lo mismo y hacían todo lo que se les pedía con tal de poder liberarse de las ataduras terrenales y acceder a una de las plazas disponibles de ángeles guardianes.

La devoción tiene mil caminos y vías para llegar a Dios, y la que proponía el reverendo, por alocada que pareciera, era una de tantas y no hacía otra cosa que corroborar las historias y leyendas que se cuentan en relación con los ángeles, Dios y los seres humanos.

Al fin y al cabo, nada es imposible en el universo, porque basta con imaginar una realidad para que ésta tenga algo de cierto. Además, en el campo de la devoción y el misticismo, la razón y el intelecto poco tienen que hacer, porque la magia no tiene que ser racional, con que sea funcional basta y sobra para el creyente.

Hombres: ángeles caídos que quieren volver al Cielo

Una de tantas leyendas cuenta que entre las tropas de Luzbel se encontraban los hombres, o bien, los ángeles rebeldes que tras la derrota y la caída se convertirían en seres humanos.

Las guerras celestiales duraron miles de años, y muchos ángeles, tanto rebeldes como fieles a Dios, fueron cayendo.

Al final Dios se alzó con la victoria, aunque no pudo acabar con todos los rebeldes que de hecho siguen luchando contra él desde distintos frentes, pero con tan poca fuerza que apenas si hacen mella en el Plan Divino Universal.

Dentro de ese Plan se encuentra la recuperación de muchos ángeles caídos, entre ellos los seres humanos, que desde que cayeron en la mortalidad se han ido reencarnando vida tras vida, olvidando muchas veces cuál es su verdadero origen y, por lo tanto, cuál es el sentido de su vida.

Los hombres han sido creados varias veces por distintos dioses para que los ángeles caídos tuvieran cuerpos dónde refugiarse. Por ejemplo, entre los aztecas hay hombres hechos de huesos de dioses muertos, de semillas y maíz, de monos, y, en la última generación, de piedras y de tierra. Cinco veces se ha creado el mundo y se han destruido cuatro generaciones de hombres. La que provenía de los monos fue ahogada, y la que está hecha de piedras, según las leyendas aztecas, desaparecerá por los movimientos de tierra y la lava de los volcanes. Curiosamente, la Biblia recoge los temblores y los terremotos como fin de la humanidad actual, lo que dará lugar a una nueva humanidad.

También en la Biblia encontramos que los hombres han sido destruidos varias veces (no hay que olvidar que para los judíos los hombres son sólo ellos y nadie más que ellos). Dios creó el Paraíso Terrenal para sus nuevos hijos, porque los otros, con excepción de los reyes de Edom, fueron destruidos por el caos, la oscuridad y el vacío. A los gentiles, como los egipcios, los caldeos y los asirios, que no son en realidad hombres desde el punto de vista judío, dicha destrucción no les afectó para nada. Dios volvió a destruir a sus hijos en Sodoma y Gomorra, y dio cuenta del resto con el diluvio universal que, curiosamente, tampoco afectó a los pueblos gentiles de la zona. De Noé nacieron todas las tribus de Israel, y aunque Dios les prometió que no los destruiría nunca más, los más ortodoxos piensan que para el año 2026 de nuestra Era se acabarán los tiempos, sobre todo para los gentiles y los judíos poco fieles, y Zión, el nuevo estado de Israel, verá nacer a la nueva raza judía, única hija de Dios, para gobernar el mundo.

Los Testigos de Jehová hacen suya esa cita, y señalan como elegidos a 144 mil justos, para que den lugar a la nueva raza humana.

Entre los teósofos también hay fin de los tiempos y el nacimiento de una nueva raza humana más evolucionada, y por lo tanto más cercana a la divinidad, porque el Plan de Dios es recuperar las almas de sus verdaderos hijos, esos ángeles que cayeron en las guerras celestiales.

El *Ramayana*, el *Mahabarata*, la leyenda de Gilgamesh y las egipcias hablan de las batallas celestiales, y cuentan cómo

«Y yo Juan vi la santa ciudad, la nueva Jerusalén,
descender del cielo, de Dios, dispuesta como una esposa ataviada para su marido»
(Apocalipsis 21: 2).

caían los ángeles en la Tierra, abatidos por armas que bien quisieran nuestros actuales héroes de ciencia ficción. Osiris, por ejemplo y antes de que el Cocodrilo diera cuenta de él, volaba en un halcón de plata que hacía un ruido ensordecedor al elevarse.

Cientos de miles de seres celestiales cayeron en esta Tierra yerma dando lugar a generaciones y generaciones de varias razas de seres, humanos y no humanos. Las leyendas de la Atlántida y de Mu nos hablan de un glorioso pasado de la humanidad. En la Atlántida había un buen arsenal de armas, naves espaciales y submarinos, practicaban la ingeniería genética y mantenían un contacto directo con las inteligencias celestiales. En Mu había escritura y un amplio desarrollo cultural, unos cuarenta mil años antes de lo que se supone apareció oficialmente la primera expresión escrita.

En Aztlán, ciudad mítica de los aztecas, la gente no envejecía y se podían desplazar con ingenios voladores que desafiaban la distancia y el tiempo. Por eso las leyendas cuentan que en aquellos tiempos los hombres eran mucho más divinos de lo que eran ahora, por no hablar de la Era Intermedia señalada en *El Señor de los Anillo*, de Tolkien, o los primeros y más serios libros de «Conan el bárbaro», de Robert Howard. La fantasía se mezcla con las leyendas, y las leyendas con un tiempo oficialmente desconocido, pero todas apuntan a que en un momento de la historia de la Tierra los seres humanos eran seres diferentes, más apegados a la divinidad a pesar de sus avances como cultura o a su desarrollo tecnológico.

Los teósofos señalan, curiosamente, que la primera raza fue la negra, y que fue en África donde nació la humanidad.

Cuentan que esa raza primordial era hermana de los dioses, muy inteligente y sensible, altamente desarrollada y muy parecida a nuestra civilización actual, con la diferencia que ellos llegaron a relacionarse con habitantes extraterrestres de Sirio y Alfa Centauro, y nosotros aún no hemos encontrado vida inteligente en ningún lado. Esa raza fabulosa y casi angelical, sólo falló en un aspecto: negó su procedencia divina, y quiso quedarse en la Tierra en lugar de volver a los Cielos. Por ello fue castigada (pecado de inmentalidad le llamaron) y condenada al primitivismo y a servir al resto de la humanidad hasta que recuperarán su simiente divina y no se negaran a volver a su verdadero origen.

La segunda raza fue la de bronce, y fue la que formó Mu, la Atlántida y Aztlán, y aunque no negaron su procedencia divina, sí se negaron a abandonar el mundo cuando fueron llamados a evacuar la Tierra para que la ocupara la nueva raza: la amarilla.

Junto con ellos fueron llamados a abandonar la Tierra otros seres: hadas, elfos, magos, duendes, ogros, orcos y un largo etcétera de personajes similares. La mayoría obedeció, incluso algunos seres humanos atendieron a la llamada de los dioses, pero el resto se quedó en Tierra y sufrió la destrucción y la dispersión (Egipto, India y América Latina acogieron a los damnificados) viéndose obligados a empezar de nuevo. Esta vez el pecado fue de negación, pero el castigo fue mucho más blando, e incluso se habla de evacuaciones de la raza de bronce no hace mucho tiempo entre los mayas, los incas, los indios norteamericanos y uno que otro pueblo oriental de origen diferente al chino.

La raza amarilla, algo menos evolucionada que las anteriores por sus pecados de crueldad y soberbia, sigue entre nosotros, pero en cualquier momento puede ser evacuada o pasar a dominar el mundo, aunque la presencia de la cuarta raza, la nórdica (pecado de frialdad), y la quinta, la aria o blanca (pecado de orgullo), no se lo pondrán nada fácil.

Las semillas de la raza nórdica se pusieron tras la evacuación de la Atlántida, y las de la raza Aria hace apenas unos 12 mil años. Actualmente viven mezcladas todas estas razas, y se supone que de su mezcla y ya en nuestros días, está naciendo la raza que finalmente echará de este planeta a las anteriores: la raza dorada, una raza humana que volverá a acercarse a lo divino a través de la elevación del pensamiento durante la Era de Acuario y abanderados por el Cristo Cósmico.

Esta raza será sin mácula, conocerá a los seres divinos y estará en contacto con las inteligencias celestiales, caminará al lado de su Ángel de la Guarda, y cambiará las estructuras de las jerarquías mundiales, dándole a la Gran Hermandad o Logia Blanca el lugar que se merece.

Los tropiezos de las anteriores razas se deben, en gran medida, a su apego inconsciente a Luzbel, Saturno, Prometeo o como quiera llamársele, que ha hecho lo imposible por mantener a los antiguos ángeles caídos muy cerca de sus dominios, engañados por la ilusión de la vida y apegados a los lazos terrenales de placer, amor, vida física y riqueza material.

Se supone que muchos de los que fueron ángeles fieles a Dios y que cayeron en las batallas celestiales, ya han emprendido el camino de regreso al Cielo. Esos ángeles recuperados son los grandes iniciados e iluminados de la humanidad, que famosos o no, han encontrado la verdadera vía de la espiritualidad. Pero como todavía quedan muchos entre nosotros, aturdidos todavía por la caída y engañados por el Enemigo, Dios quiere recuperarlos y no descansará hasta lograrlo.

Muchos de los ángeles oscuros, los que formaron parte de los ejércitos rebeldes, también tendrán oportunidad de redimirse y de volver al lado de Dios, y también merecen tener a un Ángel de la Guarda que los guíe y proteja. A algunos les cuesta mucho deshacerse de su rebeldía y de su tendencia a la parte oscura, pero muchos otros hasta abrazan la religiosidad y el misticismo en su intento de volver a ser agradables a los ojos de Dios.

Muchos de nosotros naceremos enfundados en la sexta raza en nuestra próxima vida, mientras que los representantes de las razas anteriores van desapareciendo, ya sea evacuados o fundiéndose en el crisol de la nueva raza, porque de esta manera Dios podrá preparar mejor el camino para que los seres humanos vuelvan al sendero de la vida verdadera y sean lo que siempre han sido: ángeles de luz que vuelan con libertad por todo el universo.

Esta leyenda señala a los hombres como ángeles caídos que podrán volver a la gloria en cuanto alcancen un nivel de evolución óptimo. Incluso hay leyendas que dicen que el mismo Lucifer espera la redención, y que más la esperará y deseará el día en que los hombres dejen de ser sus vasallos, sus seguidores o su reflejo, porque ese día su derrota será completa y en el Cielo sonarán las trompetas del triunfo.

La leyenda inversa

Pero si por una parte se siente el anhelo de dejar de ser hombres atados a los lazos terrenales, por otra parte se cuenta que en el Cielo hay miríadas de miríadas de ángeles y seres divinos que se mueren de ganas de nacer en un planeta como el nuestro, lleno de vida y de colores, para poder disfrutar de las cosas que disfrutamos los humanos sin valorarlas demasiado.

Los seres humanos somos como esas personas que viven en una gran capital turística y nunca han visitado sus museos, teatros, playas, monumentos y centros de interés mundial, mientras que en el extranjero hay miles y hasta millones de ciudadanos que darían buena parte de sus ahorros por conocerla.

Quizá los dioses y los ángeles se aburren en el firmamento, sin hambre ni sed ni dolor ni angustias, hartos de tanta felicidad gratuita y de tanta ambrosía por la que no han de luchar.

A nosotros no nos emociona no poder llegar a fin de mes, pero quizás a los dioses sí les seduzca la lujuria de sensaciones que se pueden tener en nuestro planeta, donde todo son dudas, luchas y cuestionamientos.

No son pocas las leyendas que nos cuentan de dioses seducidos por la humanidad, y hasta por los animales. Una de ellas relata que el Buda bajó a la Tierra encarnándose en un cerdo, y que disfrutó tanto revolcándose en el lodo fresco y comiendo cuanto tenía enfrente, que en muy poco tiempo perdió conciencia de quién era y qué era lo que había venido a hacer a este mundo. Como cerdo disfrutó de las caricias y cuidados de sus amos, y de las caricias y amores de las cerdas. Tuvo muchos descendientes y vivió intensamente su papel de cerdo hasta que un buen día supo que lo iban a sacrificar para la cena. Sufrió mucho al ver que los cariños de sus amos eran interesados, y que la comida que le habían dado no había sido en balde.

Pero ni siquiera entonces se acordó de quién era, y cuando un deva del cielo se le acercó para hablarle del espíritu y del Nirvana, el Buda sólo supo quejarse de su suerte y renegar de los injustos dioses.

El deva le reveló quién era, pero el Buda no le hizo caso porque creyó que eso sólo era una estratagema para que se entregara a la muerte. De nada sirvió que bajara toda una hueste celestial, porque el Buda seguía en sus trece creyendo que no era más que un pobre cerdo al que iban a ejecutar para una buena cena.

Incluso cuando finalmente fue sacrificado, su carne de cerdo comida y su alma iluminada elevada a los cielos, seguía creyendo que sólo era el espíritu de un pobre cerdo.

El Buda necesitó de un largo periodo de tiempo para acordarse de quién era, y otro largo periodo para aclimatarse a la vida del Nirvana, que después de la vida de cerdo le pareció insustancial y hasta algo aburrida y rancia.

No cabe duda que la vida terrestre puede ser muy melosa, tanto cuando se disfruta de ella como cuando se sufre, porque de una o de otra manera los seres humanos nos enganchamos a lo que sentimos y hacemos, sea malo y doloroso, o sea bueno y alegre. Incluso a veces una mala vida es más largamente disfrutada que una vida fácil y regalada. De hecho se deprimen más los ricos y los que lo tienen todo, que los que casi no tienen nada.

Según *Las mil y una noches* no existe la camisa del hombre feliz, porque quien posee una camisa sufre innecesariamente por ella. Para el Buda no era más rico quien más tenía, sino quien menos necesitaba, corroborando el buen sabor de boca que puede dejar una vida llena de padecimientos y miserias, porque lo que importa no es vivir, sino vibrar con la vida, ya sea disfrutando o padeciendo, pero vibrando a cada minuto como si fuera el último de la existencia.

Para un ángel que se pasa el tiempo sin tiempo en la eterna alegría de los coros celestiales, la existencia puede ser poco vibrante, y unas buenas y movidas vacaciones en el escenario terrestre le podrían venir de maravilla.

Quizá nosotros mismos, usted y yo, en realidad somos ángeles caídos del cielo, o simplemente ángeles aburridos de tanta perfección que nos estamos dando un descanso de tanta felicidad eterna y tanta gloria.

Sí, es muy posible que algún día seamos o volvamos a ser ángeles, pero mientras tanto deberíamos aprender a disfrutar de la vida, como si cada segundo fuera el último de nuestra existencia, cogidos de la mano de nuestro Ángel de la Guarda, porque al fin y al cabo es tan ángel como nosotros y es un buen compañero de viaje, amigo y guía.

BIBLIOGRAFÍA

Bailey, Alice, *Los siete rayos de poder*, Kier, Buenos Aires, 1985.

Elenes, Francisco, *De ángeles y demonios*, Ediciones Total, Cuernavaca, 1975.

García Atienza, Juan, *Nuestra Señora de Lucifer*, Martínez Roca, Barcelona, 1991.

La Biblia, traducción de Félix Torres Amat, Edicomunicación, Barcelona, 1987.

La Biblia, versión de los gedeones, The Gideons International, Nashville, 1998.

Nelín, Gustavo, *La saga de Votan*, edición privada, Cuernavaca, 1989.

Newton, Michael, *La vida entre vidas*, Robinbook, Barcelona, 1995.

Sinnet, A. P., *Buddhismo esotérico*, Dédalo, Buenos Aires, 1975.

Trungpa, Chögyam, *Más allá del materialismo espiritual*, Edhasa, Barcelona, 1985.

Vasconcelos, José, *La raza cósmica*, Fondo de Cultura Económica, México, 1975.

ÍNDICE